入門 米中経済戦争

THE US-CHINA
TRADE WAR
AN INTRODUCTORY GUIDE

Yukio Noguchi
野口悠紀雄

ダイヤモンド社

はじめに

米中対立が世界の行方を決める

２０１８年に始まった米中貿易戦争は、その後、収まる気配がない。それどころか、ますますエスカレートしている。貿易だけでなく経済全般に及び、米中経済戦争、あるいは米中対立としか言いようのない事態になってきた。

米中対立は、最初は高関税の掛け合いだった。しかし、その後、特定企業との取引禁止など、さまざまな手段が米中双方で行使されており、複雑な様相を呈している。衝突は、半導体、ＩＴ企業、ＡＩ（人工知能）などの分野を中心にして起きている。

21年になってからは、アメリカは対中貿易赤字だけではなく、中国の国家体制を問題にするようになった。一方、中国では、ＩＴ企業に対する規制が強まっている。これは、ＩＴ企業だけを対象とするものではなく、中国の基本的政策が大転換していることの一部と見ることができる。つまり、これまでの改革開放路線から共産党の原点への回帰が起こりつつあるのだ。

米中対立もそうだ。これまで、米中対立はトランプ前大統領の「アメリカ第一主義」によって引き起こされたものであると考えられることが多かった。しかし、そうではなく、中国側の外交政策の変化が基本的要因であるのかもしれない。

そうだとすれば、いまわれわれが見ているものは、世界史上の大事件だということになる。それは単に中国の将来に重要な影響を与えるだけでなく、世界のあらゆる人々の仕事や生活に大きな影響を与えるだろう。

米中対立が今後どのように推移するかは、世界の将来を決める最も基本的な要因だ。これは、米中両国だけではなく、世界のあらゆる国に影響を与える。どんな国も、その影響を免れることができない。日本は、対中依存度が高いことから、とくに大きな影響を受ける国の一つだ。他人事《ひとごと》として傍観するわけにはいかない。本書は、米中対立のさまざまな側面を説明するとともに、それらがもたらす影響について論じている。

これらは、実務に携わっている方には直接的な意味を持つ。したがって、いま何が生じつつあるかを正確に把握し、それに対応する必要がある。米中対立の影響は、どのような仕事をしている人にも及ぶ。だから、この問題は、多くの人が知っておくべきものだ。

本書の執筆にあたっては、経済に関連した仕事に従事していない方でも予備知識なしに読んでいただけることを心がけた。このため、各章に「キーワード」と「まとめ」を設けた。

最も強く心がけたのは、現象の表面をなぞるのではなく、その根底にあるメカニズムや変化を捉えることだ。そうしたものを把握しないかぎり、いくら情報を集めても、断片的な事件に振り回されるだけの結果に終わるだろう。「分かりやすい解説書」の罠《わな》に陥ってはならない。

本書の構成

本書の構成は以下のとおりだ。

第1章においては、中国の歴史を概観し、米中貿易戦争の概要を説明する。バイデン政権になっても、対中強硬姿勢はそのまま残っている。中国の国家体制が問題にされるようになったという意味で、対立はむしろ激化した。

第2章においては、米中対立の本質を理解するために、1950年代の米ソ対立や80年代の日米貿易摩擦との比較を行なう。また、「中国が安い輸出品でアメリカの労働者の職を奪う」という考えは誤っていることを指摘し、自由貿易の重要性を説明する。

第3章では、新型コロナウイルスを早期に克服した中国に続いて、アメリカ経済も急回復していること、中国の対米輸出が減ってアメリカの対中貿易赤字は減少したこと、しかし、アメリカの対世界輸出は２０２０年には減少、貿易収支の赤字が拡大した半面で、中国の対世界輸出は増大し、黒字が拡大したことなどを指摘する。中国は世界の工場としても、市場としても、存在感を強めている。また、この章では、日本経済の立ち遅れと、その原因についても述べる。

第４章においては、半導体不足問題、中国の輸出管理法、レアアース輸出の制限、中国のデータ安全法によるデータの持ち出し規制などについて述べる。

中国からのリショアリング（製造業の国内回帰）が言われるが、世界経済の対中依存は、今後むしろ強まるだろう。こうした状況で必要なのは、自由貿易主義の原点に立ち戻ることだ。

第５章では、中国の科学技術について見る。コロナワクチンの開発、火星探査機の着陸成功などの成果は、中国がその量的巨大さを国家プロジェクトに集中できることによってもたらされた。世界の大学ランキングで、中国の大学の躍進ぶりが目覚ましい。工学部関係では、ランキングのトップを中国の大学が独占している。ユニコーン企業でも米中への集中が見られる。しかし、米中経済摩擦は、ユニコーン企業にも影を落とし始めている。中国ではプライバシーについての国民意識が高くない。中国社会のこのような特殊性が、ＡＩの開発に有利に働いている。アメリカはこうした事態に危機感を強めており、中国のＡＩ先端企業に対する制裁措置をとっている。

第６章においては、中国当局によるＩＴ企業政策が急速に変化していることを見る。ＩＴ企業に対する規制が強まり、アリババなどのＩＴ企業の事業環境が急激に悪化している。なぜ中国当局が規制を強化しているかについては、さまざまな解釈が考えられる。

第７章のテーマは、中国の特殊な国家体制と、それに対する世界のリアクションだ。コロナ制御に用いた「健康コード」に見られるように、中国では「デジタル共産主義」がすでに現実のものとなりつつある。20年の春、中国に対してコロナの賠償を求める動きが全世界で広がった。中国はマスク外交で挽回を図ったが、成功しなかった。ワクチン外交も成功しているとは思えない。また、コロナウイルスの研究所流出説にも触れる。

米中対立の行方を考えるには、長期的な経済見通しを考慮に入れる必要がある。第８章では、いくつかの長期予測を紹介する。未来の世界経済の中心は欧米から中印へ移るが、豊かさで見れば、西側諸国の水準が中国より依然として高い。

第９章では、中国の世界戦略と、日本のとるべき方途について述べる。中国は、香港に対する締め付けを強化している。しかし、「一国二制度」を踏みにじれば、香港の金融市場が持つメリットは失われる。それは、中国経済に深刻な打撃を与えるだろう。台湾海峡での軍事的な緊張が高まっているが、中国と台湾は、経済的には密接な相互依存関係にある。中国が台湾に武力侵攻しても、得るものはないだろう。

対中依存度が高い日本は、米中いずれかの陣営に属するという選択肢はとれない。同じ立場にある韓国、オーストラリアと連携して、米中対立を建設的なものに変えていく努力が必要だ。
第10章では、いま中国で起きつつある基本政策の大きな変化について述べる。われわれはいま、世界史の大きな転換点を目撃しているのかもしれない。

本書は、ダイヤモンド・オンライン、東洋経済オンライン、現代ビジネス、金融財政ビジネスにこれまで公表したものを基にしている。これらの掲載にあたってお世話になった方々に御礼申し上げたい。本書の刊行にあたっては、ダイヤモンド社書籍編集局第二編集部の田口昌輝氏にお世話になった。御礼申し上げたい。

2021年10月

野口　悠紀雄

入門　米中経済戦争

第5章　最先端技術で中国はアメリカを凌駕しつつあるのか？

第6章　中国金ぴか時代の終わり？

第7章 コロナ対応で露呈した米中国家像の越えられぬ溝

第10章 世界はどこへ向かうのか?

第1章

米中関係を振り返る

1 第2次世界大戦後の中国と米中関係

中国経済の歩み

1949年10月1日、中華人民共和国が成立した。政治的には共産党独裁の政府。そして、経済運営は、社会主義経済体制による計画経済をとった。

経済運営の失敗によって、貧困と社会的混乱の悪循環が続いた。58年から62年には、毛沢東による「大躍進政策」が行なわれたが、空前の飢餓を引き起こした。66年から76年には、文化大革命によって、中国社会は混迷の極に達した。

こうした状態からの大転換は、78年、鄧小平《とうしょうへい》の「改革開放、現代化路線」が採択されたことによって始まる。

79年には経済特区が設けられた。82年には人民公社が解体された。また、80年代には、レノボ、ハイアール、ファーウェイなどの民間企業が設立された。ただし、まだ本格的な成長が始

図表1-1　中国の最高実力者とアメリカ合衆国大統領

中国の最高実力者

期間(年)	姓名
1949-1976	毛沢東
1976-1978	華国鋒
1978-1989	鄧小平
1989-2002	江沢民
2002-2012	胡錦濤
2012-	習近平

アメリカ合衆国大統領

期間(年)	姓名	代	党
1945-1953	ハリー・S・トルーマン	40, 41	民主党
1953-1961	ドワイト・D・アイゼンハワー	42, 43	共和党
1961-1963	ジョン・F・ケネディ	44	民主党
1963-1969	リンドン・B・ジョンソン	44, 45	民主党
1969-1974	リチャード・M・ニクソン	46	共和党
1974-1977	ジェラルド・R・フォード・ジュニア	47	共和党
1977-1981	ジェームズ・E・カーター	48	民主党
1981-1989	ロナルド・W・レーガン	49, 50	共和党
1989-1993	ジョージ・H・W・ブッシュ	51	共和党
1993-2001	ウィリアム・J・クリントン	52, 53	民主党
2001-2009	ジョージ・W・ブッシュ	54, 55	共和党
2009-2017	バラク・H・オバマ	56, 57	民主党
2017-2021	ドナルド・J・トランプ	58	共和党
2021-	ジョセフ・R・バイデン・ジュニア	59	民主党

まったわけではない。そして、89年6月4日の第2次天安門事件によって、国際社会から強い批判を受けた。

92年、鄧小平の「南巡講話」で「社会主義市場経済」が導入され、国営企業の改革が進められた。ここから中国製造業の猛烈な成長が始まった。99年には、eコマースのアリババが設立されている。

2008年のリーマンショックで、中国の製造業は大きな打撃を受けたが、政府による4兆元の経済政策が効果を発揮して、立ち直った。

10年前は「貧困工場」や「アリ族」の社会

私は、リーマンショックから4年後の2012年に、『日本式モノづくりの敗戦』(東洋経済新報社)という本を書いた。ここでは、ホンハイによるアップル製品の組み立てに代表されるように、世界的な水平分業の中で中国が重要な役割を果たしていることを書いた。ファーウェイやアリババについても書いた。しかし、「貧困工場」や「アリ族」という言葉に表されるように、中国は全体としてはまだ貧しい国であり、低賃金に依存していた。

ＩＭＦ（国際通貨基金）のＷＥＯ（世界経済見通し）によれば、１９９０年における中国の１人当たりＧＤＰは３４７ドルで、日本の２万５８９６ドルとはまったく比較にならない状態だった。

これは、中国が世界的な分業体制に組み入れられていく過程であり、世界の工場としての地位が定まっていく時代だった。

私は、アメリカの大学のキャンパスで中国からの優秀な留学生に出会って強い印象を受け、前記の書籍の中で、「大学のキャンパスは20年後の世界」と書いた。10年もたたぬうちに、それが実現してしまった。

米中関係の変遷

第２次世界大戦後、朝鮮戦争、台湾海峡危機、ベトナム戦争など、米中関係は冷戦の最前線だった。

これを劇的に転換させたのが、1971年7月のニクソン米大統領、キッシンジャーらによる米中接近だった。72年2月のニクソン訪中による米中共同コミュニケで新しい米中関係の枠組みが固まり、米中両国は79年1月1日に国交を樹立した。

同月28日、鄧小平副総理は米国公式訪問を行なった。中国指導者の訪米は新中国成立以来初めてであり、「氷を砕く旅」と呼ばれた。これによって改革開放の窓が開かれ、米中関係は急速な発展の軌道に乗った。

しかし、89年6月4日の第2次天安門事件以降、アメリカは対中国制裁措置をとり、中国当局の人権抑圧を強く非難した。

96年3月の台湾総統選挙への中国側の軍事威嚇に対して、アメリカは空母2隻を派遣して、台湾海峡の平和維持に決然たる態度を示した。

しかし、2001年11月に世界貿易機関（WTO）への中国加盟が実現し、世界的な分業体制の中で中国の経済力が増強されていく。

2

トランプ前大統領が始めた貿易戦争

高関税の掛け合いが始まる

米中貿易戦争は、2018年7月、トランプ前大統領が第1弾の制裁関税を発動したことで始まったとされる。中国は、これに対して報復関税を発動した。

8月、9月には、アメリカは第2弾、第3弾の制裁関税を発動した。

19年5月には、中国からの輸入のうちの2000億ドルに対する制裁関税が、10%から25%に引き上げられた。アメリカの中国からの財輸入額は、18年で5390億ドルだ。その約半分に、25%という高関税が課されたことになる。

19年9月1日には、中国からの輸入品のほぼすべてに追加関税を課す「第4弾」が発動され、同日と12月15日の2回に分けて実施するとされた。これに対して、中国も計750億ドル相当の米農産品などに対して関税を上乗せするとした。

制裁関税政策は、トランプ前大統領によるアメリカ産業復活策であった。鉄鋼業などの伝統的な製造業がアメリカで衰退し、「ラストベルト」（錆《さ》びた地帯）と呼ばれる地域で失業者が増えた。これに対して、高関税を掛けることによって中国からの輸入を抑え、鉄鋼業などの産業を復活させて、政治的な支持を得ようと考えたのだ。これは、「アメリカ第一主義」だとして批判された。

第1段階の合意

アメリカと中国は、２０２０年1月15日に第1段階の合意文書に署名した。この内容は、つぎのとおりだ。

①中国はアメリカからの輸入を17年の水準より２０００億ドル増やす。
②中国は知的財産に関する規制を強化する。また、中国は今後、為替操作を行なわない。
③アメリカは12月15日に予定していた中国製品１６００億ドル相当に対する新たな関税の発動を見送る。中国製品１２００億ドル相当に課している15％の追加関税を7・5％に半減する。ただし、約２５００億ドル相当に課している25％の追加関税は維持する。
④中国側も１０００億ドル規模の米国製品に対する関税措置は維持する。

このように、大部分の貿易に課されている高関税は、そのままであることに注意が必要だ。

3 ハイテク産業に標的——ファーウェイ叩き

ファーウェイ叩きが始まる

2018年12月、カナダの捜査当局が、ファーウェイの孟晩舟《もうばんしゅう》・副会長兼最高財務責任者（CFO）を逮捕した。これは、アメリカ政府の要請を受けたものだった。アメリカが経済制裁を科しているイランに対して、ファーウェイが違法に製品を輸出した疑いがあるとされたためだ。

孟氏が逮捕された12月1日は、米中首脳会談の当日であった。米司法省は19年1月28日、ファーウェイと孟氏を起訴した（2021年9月にカナダで釈放）。

19年5月からは、ファーウェイ叩きがアメリカの政策となる。トランプ前大統領は、5月15日、米国企業が非米国企業の通信機器を使用することを禁止する大統領令に署名した。

同日、米商務省は、米国製品の輸出を禁止する産業安全保障局（ＢＩＳ）のエンティティー・リスト（ＥＬ）にファーウェイを追加すると発表した（ただし、禁止令の実施は90日間遅らせるとした）。ここに加えられるのは、アメリカの安全保障・外交政策上の利益に反する活動に関与していると見なされた組織だ。

これにより、ファーウェイは、インテル、クアルコムなどの米企業が生産する半導体や、グーグル、マイクロソフトなどが提供するソフトウエアを購入できなくなった。外国企業も、米国企業の技術を使った部品をファーウェイに売ることはできなくなった。

これによって、グローバルなネットワークからファーウェイを締め出そうというわけだ。

なぜファーウェイ叩きをするのか？

ファーウェイ叩きの理由としては、さまざまなことが言

【キーワード】エンティティー・リスト

「エンティティー・リスト」とは、米商務省が管理・公表するリスト。ここに掲載された企業に物品やソフトウエアなどを輸出すると、米国企業との取引が禁止されたり、罰金が科される。いわばブラックリストだ。

2019年5月にファーウェイがリストに載せられると、グーグルのソフトウエアなどが使えなくなった。米国企業の部品やソフトが一定割合以上含まれれば、他国製品も規制の対象になる。このため、台湾の半導体メーカーTSMCは、ファーウェイに半導体を販売できなくなった（第4章の1参照）。これに対抗して、中国は19年6月に「信頼できないエンティティー・リスト」を導入した。

われている。中国での5Gの発展を遅らせる、「中国製造2025」戦略を頓挫させる、などだ。しかし、根底にあるのは、つぎのような認識だろう。

「経済活動の基本を握る企業が中国で成長するのを認めれば、未来世界のヘゲモニー（覇権）を中国に奪われる。だから、いまのうちに叩き潰しておく必要がある」

高関税は、トランプ前大統領の経済に関する無理解の結果としか言えない政策だ。しかし、ファーウェイ叩きは、これとは性質が違う。アメリカの総意を表していると考えることができる。

4 バイデン政権で国家理念が問題とされる

多国主義へ復帰するが、中国の覇権阻止という基本は不変

2021年1月に、アメリカではトランプ政権からバイデン政権への政権移行が行なわれた。これで生じるのは、単なる手法の変化なのだろうか？　それとも理念の変化だろうか？　そし

て、理念の違いは現実の政策を変えていくのだろうか？

まず対外政策を見ると、トランプ前大統領は「アメリカ第一（アメリカ・ファースト）」を宣言して、パリ協定、イラン核合意、世界保健機関（ＷＨＯ）などの国際的な枠組みから離脱した。そして、自由世界のリーダーとしての地位を自ら放棄した。

それに対して、バイデン大統領は、多国主義に復帰し、脱退した国際的な枠組みに復帰している。日欧同盟国との協力も進める。

ただし、これは手法面の変化であり、最終的な目的が中国の覇権阻止であるという点は変わらない。したがって、バイデン政権になっても、中国に対する強硬政策は変わらない。

中国の覇権阻止は、アメリカの総意だ。ただし、アメリカだけが独善的に行動するのではなく、同盟国との協力によって中国の拡大を抑制するという多国主義に変わるのだ。

中国の覇権阻止とアメリカ第一主義は、本来は同じものではない。しかしトランプ氏は同一視した。それは明らかに誤った考えであり、多国主義への復帰は正しいものだ。

バイデン政権も、トランプ政権が試みたように、雇用を守るために製造業をアメリカに戻そうとする可能性もある。これは経済的には間違った目的だが、政治がこうしたバイアスを持つことは避けられない。

ハイテク分野での中国製品規制は強まる可能性がある。トランプ氏もバイデン氏も、米中覇権競争がＡＩ（人工知能）やビッグデータなどの最先端技術で決まると理解しているからだ。

他方で、中国は、５Ｇ、通信衛星、そしてワクチンなどを用いて、一帯一路からアフリカに至る地域での影響力を拡大しようとしている。アメリカがこれを阻止できるかどうかは、定かではない。

製造業かＩＴハイテク産業か

アメリカは、長期的成長戦略として、製造業を復活させて雇用を増やすべきだろうか？　それとも、シリコンバレー的ハイテク産業による成長をめざすべきだろうか？

これについて、トランプ氏の考えは極めて明確だった。シリコンバレーのハイテク企業に対しては敵対的な考えを持つ一方で、ラストベルトを中心とした旧工業地帯に製造業を復活させ、雇用を回復させるとした。

つまり、新しい産業であるＩＴ産業ではなく、古い産業である自動車産業や鉄鋼業を復活させようとしたのだ。これは、アメリカのＩＴ産業の成長にとって潜在的な障害になる。

豊かになるための施策は、世界経済での自国の位置を正しく認識し、世界経済の分業体制の中で正しい役割を演じることだ。アメリカにとって本当に必要なのは、古いタイプの製造業は中国や新興国に任せ、自国ではハイテク産業や高度サービス産業を成長させることだ。しかし、このことは、なかなか人々の理解を得られない。

トランプ氏の政策は、アメリカ第一主義と言われた。しかし、実は、アメリカの競争力をそぐ政策であり、アメリカのためにならない政策であったのだ。つまり、考え方が間違っていたのだ。

この問題については、新政権の考えにもはっきりしないところがある。バイデン氏自身は、トランプ氏と同じ考えを持っている可能性がある。そして、同じ誤りに陥る危険がある。

実際、製造業を復活させてアメリカの雇用を増やすと明言したこともある。本当にそう考えているのか、あるいは政治的なメッセージなのか、どちらかは分からない。

ただし、政治家が何を言うにせよ、市場メカニズムが機能する国では、マーケットが正しい成長戦略を採用していくだろう。それが自由主義経済国の大きな強みであり、中国との違いだ。

この点からいうと、米大統領選でバイデン氏がラストベルト（ミシガン、ウィスコンシン、ペンシルベニア）を制したことは、大きな意味を持っている。トランプ流のやり方では駄目なことを、選挙民が認識した結果だからだ。

実際、日本ではあまり報道されていないが、ラストベルトは、自動車や鉄鋼ではなく、医療・健康産業で顕著に復活しつつあるのだ。

ただし、巨大ＩＴ企業に対する国民の反発が強まっている面もあり、これをどうするかの手探りが続くだろう。

人権問題では妥協しない中国、制御しようにもできないモンスター？

バイデン米大統領は、トランプ前政権の対中制裁措置を停止せず、対中強硬策を引き継いでいる。対中強硬策をとる理由は、中国との価値観の相違だ。

トランプ前大統領のように貿易をディール（取引）と考えるなら、貿易赤字が縮小すれば目的達成だ。しかし、価値観の違いに基づく対立は、中国が基本政策を変更するまで続く。

そして、こうした目的を達成するために、民主主義陣営諸国との協力体制を築こうとしている。したがって、中国に対して強い態度で臨めという圧力が、アメリカから同盟諸国に加わる場合がありうる。

しかし第3章で述べるように、世界経済は、日本も含めて、中国に対する依存を高めている。こうした状況下で、対中強硬政策に同調できるだろうか？　中国は、もはや他国が制御しようと思っても、制御できないモンスターになってしまったのではないだろうか？

第1章のまとめ

・中国では、長期間にわたって、社会主義経済体制の下で経済活動の低迷と社会的混乱が続いた。しかし、1970年代末の改革開放以降、経済発展に向けて舵《かじ》を切った。

・2018年、トランプ前米大統領は、中国に対する制裁関税を発動。中国も報復関税で応じた。こうして、米中間の貿易戦争が始まった。また、ファーウェイなどの中国企業への制裁措置も始まった。20年に第1段階の合意が成立したが、高関税の大部分はそのまま残っている。

・バイデン政権は、トランプのアメリカ単独主義を脱し、民主主義国家の連携を重視する方向に転換した。しかし、対中強硬姿勢はそのまま残している。国家体制が問題にされるようになったという意味で、対立は激化したともいえる。

第2章
米中対立の本質を理解する

1 米中対立は対ソ冷戦や日米貿易摩擦とどこが違うのか？

なぜ米中は対立するのか？　そして、今後どのように展開するのか？　勝者はどちらか？　こうした問題を考えるために、米ソ冷戦と日米経済摩擦との比較において、米中対立を位置付けてみよう。

対ソ冷戦は、国家体制と軍事的な対立

1950年代には、アメリカとソ連の冷戦があった。共産党一党独裁国と民主主義国との対決という意味で、現在の米中対立は米ソ対立と同じ側面を持っている。軍事的な面での潜在的対立があるという意味でも、両者は同じ性格を持っている。

対ソ冷戦が現在の米中対立と異なるのは、ソ連の経済力がとるに足らないほど小さかったことだ。このため、アメリカが対共産圏貿易に強い制約を加えても、それによって民主主義国の経済が悪影響を被ることはなかった。つまり、対立を政治的、あるいは軍事的なものに限定化することが可能だったのだ。

この点において、現在の状況はまったく違う。中国は、国際的水平分業のサプライチェーンの中で極めて重要な役割を果たしており、中国抜きでは世界経済は成り立たない状態になっている。とくに製造業でこの傾向が著しい。

だから、かつての対ソ冷戦時と同じように対中貿易を規制して中国を封じ込めることは不可能だ。しかも、中国への依存はコロナ禍を通じて強まった。今後もますます強まると予想される（これについては第3章で詳述する）。

それに政治的あるいは軍事的な問題が複雑に絡んでいる。この意味において、米中対立は米ソ対立よりはるかに複雑な問題なのだ。

新しく勃興する国を抑えようとする

1970年代から80年代にかけて、アメリカと日本の間で貿易摩擦が生じた。日本の製造業が目覚ましく成長し、日本からの輸出がアメリカに怒涛《どとう》のように流れ込んだためだ。最初は繊維製品や鉄鋼だったが、80年代には自動車や電機製品の輸出が増えた。

【キーワード】垂直統合と水平分業

20世紀の製造業の基本的なビジネスモデルは「垂直統合」だった。これは、巨大な1つの工場で、部品から最終製品までを製造する方式である。その典型が自動車産業であった。

20世紀の末頃から「水平分業」が広がった。これは、全世界のさまざまな企業が部品を製造したり最終組立を行なう方式だ。アップルは、この方式を採用することにより、驚異的な成長を遂げた。

アメリカの製造業、とくに自動車産業がこれに圧迫されて業績が悪化し、失業者が増えた。このため、アメリカは日本からの輸入に対してさまざまな規制を加えて、その増加を抑えようとした。

急速に台頭する国が既存の大国と衝突する。既存の大国は、新しく勃興する国に経済的な覇権を握られるかもしれないという恐怖から、貿易制限措置をとる。この点で、現在の米中対立と日米貿易摩擦は、似た側面を持っている。

トランプ前大統領が対中制裁関税を実施した際に根拠としたのは、対日経済摩擦時に制定された規制措置である。対日経済摩擦の際に規制措置を正当化するために用いられた論理は、本章の2で述べるトランプ前大統領の論理と同じものだ。

ところが、日本の経済力は、その後、弱体化した。このため、日米経済摩擦は一過性のものに終わった。

2 アメリカは中国の何が問題と考えているのか?

トランプ前大統領の考え「中国が米労働者の職を奪う」

米中対立が明確な形となって現れたのは、2018年のことだ。トランプ前大統領が中国に対する制裁的関税を開始した。

その措置を正当化する論理は、「中国からの輸入が増加するので、アメリカの対中貿易収支が赤字になる。そして、アメリカの労働者が職を失う」というものだった。

トランプ氏の考えによれば、中国の経済発展は、アメリカが開発した技術に中国がただ乗りすることによって実現された。そして、安い工業製品をアメリカに輸出することによってアメリカの製造業を破壊し、労働者の職を奪った。この状態を是正する必要があるというのだ。

この論理は誤っている。経済的に見れば、中国が安い労働力を使って安価な製品をつくり、それをアメリカに輸出することによって、アメリカの消費者は豊かになった。そして、アメリカは高度なサービス産業に特化し、それによって高い生産性を実現したのだ。

これは明白なことなので、制裁関税はトランプ氏の無理解に基づく思いつきの政策にすぎないと考えられていた。

ペンス前副大統領の対中弾劾演説

しかし、対中強硬策は、単にトランプ氏の気まぐれや思いつきではなく、アメリカの総意に基づくものであることが次第に明らかになってきた。

それをはっきりした形で示したのが、2018年10月4日に行なわれた、ペンス前副大統領による演説である。同氏は、中国を「アメリカに挑戦する国」だとし、中国脅威論を鮮明に示した。

中国批判は、政治、経済だけでなく、台湾や尖閣諸島、南シナ海や西太平洋の安全保障問題にも及び、さらに、人権弾圧や〝監視国家化の恐怖〟にまで及んだ。『ニューヨーク・タイムズ』は、この演説を「新冷戦への号砲」と評した。

実際の政策でも、制裁関税の引き上げがエスカレートした。さらに、ファーウェイなど、中国ハイテク企業に対する規制措置が強化された。

バイデン政権の対中政策――国際的な協力体制で中国にあたる

2021年1月に成立したバイデン政権は、対中強硬姿勢を引き継いでいる。

ただし、いくつかの変化もある。一つは、手法の変化だ。トランプ前大統領のときには、アメリカの単独行動が中心で、国際的な協力体制を否定する場合が多かった。そして、地球温暖化対策のためのパリ協定から離脱したり、WHOから脱退したりした。また、G7を軽視する姿勢も目立った。

それに対してバイデン政権は、「民主主義国家の共同体制で中国にあたる」という姿勢を明確にしている。では、これに対して日本は、どのような方針をとるべきか？　これについては第9章で論じることとする。

米中は政治的・軍事的にも対立している

米中対立には、米ソ対立と同じように、軍事的対立の面もある。

軍事的対立の前兆は、かなり前から、台湾海峡を中心として起こっていた。最近では、中国が東シナ海、南シナ海に軍事的影響力を広げようとしている。

香港では、中国が実質支配力を強める動きが顕著だ。中国は、一帯一路政策によってユーラシア大陸での勢力圏を広げようとし、さらにアフリカ大陸にも影響力を及ぼしている。また、新疆《しんきょう》ウイグル自治区での少数民族問題もある。

アメリカはこれらのすべてを問題視している。それに対して中国は、香港問題、台湾問題、新疆ウイグル問題は国内問題であるとしている。両者の間の溝は深く、今後さらに深まることはあっても、容易に妥協点を見いだせるとは思えない。

中国の特異な経済体制が問題とされる

１９８０年代の日米経済摩擦のとき、アメリカは日本の特異な経済体制が経済発展に有利に働いているとした。具体的には、「日本株式会社」という官民一体体制を問題視した。

これに対して、「level the playing field（競技場を平らにする）」、つまり、「条件を平等にすることが必要だ」と言われた。

この考えは、80年代末にアメリカで刊行された『メイド・イン・アメリカ』（邦訳『Made in America　アメリカ再生のための米日欧産業比較』草思社、１９９０年）を読むとよく分かる。

日本では、巨大で垂直統合した企業によって生産がなされる。また、終身雇用的雇用慣行が転職率を低くしている。このため、長期的なマーケットシェアの極大化をめざした長期戦略をとり、生産性が高くなる、という考えだ。

米中対立においても、社会構造の差が問題とされる。それはとくにＡＩの分野で顕著だ。ＡＩの能力向上のためには機械学習が必要であり、そのためにはビッグデータを集める必要があるが、アメリカのような民主主義社会では、それには限度がある。ところが、中国では、その特殊な国家体制のために、ビッグデータを集めることに対する制約がない。

このような国家・社会体制の違いが将来のＡＩの発展に影響する。そして、それが経済発展や軍事力に影響するという懸念だ。このような懸念は、アメリカでは極めて強い（この問題は第5章で詳しく論じる）。

それに対して、コロナを早期に克服した中国は、自らの国家体制に対する自信を強めている。このような基本的認識の違いは、容易に埋まることはない。

3 なぜ中国は急速に発展できたのか？

中国躍進の秘密は「リープフロッグ」

1980年代以降の中国の目覚ましい発展を実現したメカニズムを、私は「リープフロッグ」だと思っている。これは「カエル跳び」ということだ。

この考えは、拙著『リープフロッグ』（文春新書、2020年）で書いた。要約すると、「遅れて来たものが、遅れていることを逆手にとって、先を行くものを飛び越す」という現象だ。

例えば、中国でスマートフォンが普及したのは、それが登場したとき、固定電話がほとんど普及していなかったからだ。それに対して先進国では、固定電話が普及してしまっていたので、それをスマートフォンに乗り換える必要性は薄かった。

あるいは、中国での電子マネーの普及は著しい。これは、中国で銀行システムが整備されていなかったからだ。日本をはじめとする先進国では、銀行のＡＴＭからすぐに現金を引き出すことができたので、電子マネーに対する需要が強くなかったのである。

リープフロッグを可能にしたのは市場経済の導入

もちろん、遅れているだけでリープフロッグができるわけではない。中国の場合に重要な役割を果たしたのは、第１章で述べたように、社会主義経済体制を脱却して、市場経済体制を導入したことだ。

インターネットを中心とする新しい情報技術が登場したまさにそのときに、市場経済の導入という画期的な改革が行なわれた。これによって、中国のリープフロッグが可能となり、そして、驚異的な経済発展が実現したのである。

4
中国は発展し続けるか？

米ソ冷戦も対日経済摩擦もアメリカの対立国が衰退したために自然に終わった

米ソ冷戦は、ソ連がその低い生産性のために、自ら崩壊したことで終わった。ソ連の末期には、生産性はマイナスになっていた。つまり、工場に持ち込む原材料の価値より、工場から出てくる生産物の価値が低いという状態になった。これでは、経済を維持することはできない。

１９８０年代の日米貿易戦争は、その後に世界の経済情勢が大きく変化し、日本がそれに対応できなかったために、自然に消滅した。アメリカは、インターネット後の技術に対応してIT関連の高度サービス企業を生み出し、新しい経済発展をリードするリーダーとなった。

では、米中対立はどうなるのだろうか？　ソ連や日本の場合とは違って、対立国である中国が自然に衰退するとは思えない。それどころか、冒頭に述べたように、中国の経済成長は続いているのだ。だから、米中経済戦争は自然に消滅することはありえない。むしろ、今後さらに激化するだろう。

共産党一党独裁と市場経済は矛盾する

他方において、中国がいくつかの問題を抱えているのも事実である。その一つは、人口減少問題だ。これによる賃金の上昇も問題となる。これについては第8章で考えることにしよう。

いま一つは、中国の国家体制が、つぎのような基本的矛盾を抱えていることだ。

市場経済の仕組みは、政治的には民主主義と対応している。言い換えれば、共産党独裁は、市場経済とは矛盾している。したがって、いまの中国の状況がいつまでも続くとは考えられない。共産党独裁が徐々に自由化され、政治的にも自由な社会になっていくというのが、一つの可能性だ。

あるいは、市場経済での自由な経済活動に、一定の限度がくれば制約を加え、共産党一党独裁体制を維持していくというのが、第2の可能性だ。

中国は、改革開放後も両者の間を揺れ動いてきた。自由化勢力の強まりに対処して、一転、共産党の締め付けが強化された。これが、1989年6月の（第2次）天安門事件だ。

それによって、外国からの資金流入が減少するなどの問題が生じた。しかし、鄧小平が92年に行なった南巡講話、95年の「抓大放小《そうだいほうしょう》」（大を抓《つま》んで小を放つ）政策によるIT産業での自由な活動の容認があり、中国経済は発展した。

このように、中国は整合的な道を歩んだわけではない。

いま中国では、ＩＴ企業に対する規制が強化されつつある。これは「第3次天安門事件」と言えるほどの大きな変化だ。そして、今後どのように推移するかについて、現時点では確たる判断ができない。しかし、今後の中国の発展を考える上で重要な問題がいま起きつつあることは間違いない。この問題については、第6章で詳細に見ることとする。

5　貿易戦争に勝者はいない

貿易を制限すれば輸出国も輸入国も損害を被る

貿易戦争においては、勝者はいない。高関税を掛けて貿易を制限しようとすると、輸出国も輸入国も損害を被る。

トランプ政権が中国通信機メーカーのファーウェイに対してとったように、制裁措置で貿易を制限する場合にも同じことが言える。

つまり、貿易戦争においては、どちらも敗者となる可能性が高い。この点で、貿易戦争は、軍事的対決とは決定的に違う。

米ソ対立や日米貿易摩擦の場合、結果的にはアメリカが勝ち残った。ただし、これは、アメリカが貿易制限や関税を掛けた結果、ソ連や日本経済が疲弊したということではない。ソ連の場合には社会主義体制の低生産性という基本的な問題のために、そして日本の場合にはインターネットという大きな変化に対応できなかったために、ソ連や日本が衰退したのである。

経済戦争といっても、さまざまなものがある。新しい技術を開発したり、生産性を引き上げたりするという経済競争であれば、双方の国に望ましい結果をもたらすだろう。しかし、制裁関税などによって貿易を制限し、それによって相手国に痛手を加えようとしても、結局はお互いが痛手を被ってしまうのだ。

自由な貿易が輸出国にも輸入国にも望ましい

つまり、自由な貿易が望ましいのだ。関税がないことが望ましい。自由な貿易は、輸出国にとっても輸入国にとっても望ましいことだ。

イギリスの経済学者デイビッド・リカードによって定式化されたこの命題(「比較優位の原理」)は、経済学の最も重要な命題だ。

自由貿易主義の基礎になっている比較優位の理論は、実は自明なことではない。トランプ前大統領もこれを理解していなかった。

トランプ氏は「貿易は一種のビジネスであり、輸出を増やしたほうが勝ち、輸入を増やさざるをえなかった国が負け」「貿易黒字は勝ちの証拠で、貿易赤字は負けの証拠」という論理で物事を考えていたと思われる。

半導体の国内生産は望ましいとは言えない

以上で述べたことは、米中対立に関しても、重要な意味を持っている。

第1に、自由な貿易が阻害されれば、両者に損害が生じる。それだけではない。関係国も被害を受ける。日本は対中貿易の比率が高いので、大きな被害を受ける。この問題は第4章で論じる。

それに加え、安全保障上の考慮やデータ漏洩《ろうえい》の危険が、この問題を複雑にしている。

そうした理由があれば、貿易を制限あるいは禁止し、自国内の生産に移行すべきだという意見が出てくる。これは、いま半導体について現実の問題となっていることだ。

ただし、その場合においても、「分業と交易が価値を生む」という経済学の基本命題が正しいことは変わらない。これについては第4章で述べることとしよう。

また、自由貿易協定が望ましいと考えている人が大勢いる。中国が関連するものについても、「東アジア地域包括的経済連携」（ＲＣＥＰ）がある。自由貿易協定の実態は、その名称に反して、協定に加盟していない国との貿易を阻害する効果があるのだ。この点は第９章の３で再び論じる。

第２章のまとめ

- 米中対立は、異なる体制（民主主義と共産主義）の対立であり、軍事的衝突の可能性があるという点で、１９５０年代の米ソ対立と似た側面がある。しかし、ソ連の経済力は問題にならないほど小さかったという点で、現在の米中対立とは異なる。対中依存はますます強まっており、これを封じ込めることはできない。
- 新しく勃興してきた国を叩こうとする点で、米中対立は、１９８０年代の日米貿易摩擦と似た側面もある。

・「中国が安い輸出品でアメリカの労働者の職を奪う」というトランプ前大統領の考えは、誤っている。しかし、その後のペンス副大統領（当時）の演説などを通じて、米中対立がアメリカの総意であることが明らかになった。バイデン政権は、米中の国家体制の違いを問題にしている。

・自由貿易は双方を豊かにする。関税を掛けたり、比較優位原則に反して生産を自国で行なおうとするのは、合理的なことではない。

第3章
コロナ後の世界は米中を軸として回る

1 米中が経済回復

先進国の成長率が高まるとの予測

IMF（国際通貨基金）による「世界経済見通し」（改訂版）が、2021年7月に発表された。

21年4月の見通しと比較すると、21年の予想世界成長率は6％のまま据え置かれたが、先進国については0・5％ポイント上方修正されて5・6％とされた（成長率は実質GDP成長率。以下同様）。22年の世界成長率も4月予測から0・5％ポイント引き上げられ、4・9％とされた。

新型コロナウイルスのワクチン接種が予想より速いペースで進んだことが、予想引き上げの理由だ。世界はコロナ禍から脱却しつつあり、世界経済は成長率を高めつつあるとされた。

20年には、欧米の感染拡大が止まらなかった。しかし、その状況が21年になってから変化したのだ。

イギリスやアメリカ、そしてイスラエルでは、20年12月頃からワクチンの接種が始まった。その結果、21年になってから感染者数が劇的に減少した。

イスラエルでは正常な生活が始まった。イギリスも感染者が大幅に減少した。科学の力によってコロナを克服できる希望が見えてきた。

デルタ株の感染拡大で事態は再び不明瞭に

しかし、２０２１年7月末に再び混迷状態になった。デルタ株の感染が拡大したからだ。

中国はこれまでは新型コロナウイルスの封じ込めに成功したが、7月下旬から事態が変化した。デルタ株の感染が報告されているのだ。それ以上の感染力を持つ新型株が広がれば、どうなるか分からない。7月末までに国民の4割以上がすでに2回のワクチン接種を完了しているが、中国製ワクチンの予防効果はファイザー製やモデルナ製よりかなり低いという問題もある。

他国に比べれば感染者数は少ないが、中国は生活と経済を犠牲にした徹底したロックダウンを行なっている（その詳細は第7章の2で述べる）。この方向に疑問を呈する意見もあるが、政府によって否定されている。

科学の力で抑え込もうとするアメリカ

アメリカでも、2021年5月半ばには、戦勝モードに沸いていた人々が多かった。しかし、7月末から、ワクチン接種率が比較的低い州を中心として、デルタ株の感染拡大が進んでいる。

7月上旬には1万人に満たなかった1日当たりの感染者数が、8月には15万人以上に急増した。ニューヨーク国際自動車ショーなどのイベントは中止され、グーグルやアマゾンなどはオフィス復帰計画を延期した。レストランのオンライン予約も失速した。

ただし、入院患者の約97%がワクチン未接種だ。年齢も若く、多くは20~30代だという。ワクチンは重症化や入院、死亡の予防に大きな効果があり、この点はデルタ株についても変わらないと言われる。

こうした状況を背景に、アメリカ政府は8月18日、9月20日からファイザー製、モデルナ製ワクチンの追加接種（ブースター接種）を開始すると発表した。イスラエル、フランス、ドイツなども、高齢者や免疫力の弱い人に追加接種を行なうこととしている。

イギリスでもデルタ株の新規感染者数が急増している。しかし、死者数の急増は起きていない。人口の7割以上がワクチン接種を完了しているため、新規感染者数が急増しても死者数を少なく抑えているのだ。7月のイギリスの陽性者数に対する死者数の比率は、これまでのどの時点よりも大幅に低かった。

図表3-1　実質GDP成長率の予測

（単位：％）

	2019	2020	2021	2022
中国	6.0	2.3	8.1	5.7
日本	0.0	-4.7	2.8	3.0
アメリカ	2.2	-3.5	7.0	4.9
ドイツ	0.6	-4.8	3.6	4.1
フランス	1.8	-8.0	5.8	4.2
イギリス	1.4	-9.8	7.0	4.8

（資料）IMF ,World Economic Outlook Update, July 2021より筆者作成

イギリス政府は、70歳以上の高齢者や医療従事者など感染のリスクが高い人を対象に、9月から3回目の接種を行なう計画を明らかにした。

コロナ後の世界は米中を軸として展開する

ＩＭＦ「世界経済見通し」（改訂版）に戻って国別の実質ＧＤＰ成長率を見ると、図表３‐１のとおりだ。

中国は、主要国の中でただ一国だけ、２０２０年も成長を続けた。そして、21年の成長率は、４月の予測からは０・３％ポイント引き下げられたものの、８・１％という高い値だ。22年も５・７％の成長が続く。

これは、21年7月時点の見通しであり、デルタ株やラムダ株の感染拡大を考えると、今後はなお不確実性が残る。そしてこれまでの中国型の衛生対策は、効果が薄まるとの見方もある。生産活動に制限される恐れも出てきた。

しかし、これまでのところ、新型コロナウイルスの感染拡大をほとんど完全にコントロールできた国は、主要国のうちでは中国しかない。そして、コロナが終息したあとの世界について唯一確実に予測できるのは、中国経済が引き続き高い率で成長を続けることだ。

アメリカ経済は、20年には落ち込んだが、当初考えられていたほどの落ち込みではなかった。そして21年には7・0％という高い成長率が期待されている。4月の予想に比べると、20年は0・5％ポイント、21年は1・4％ポイントの上方修正だ。22年も4・9％という高成長が期待される。

こうなる理由の一つとして、バイデン大統領が進めるインフラ・教育・家族支援計画が考えられる。IMFは、これが21年の成長率を0・3％ポイント、22年は1・1％ポイント押し上げるとしている。

ただし、基本的には、ワクチン接種が進んだため経済活動が正常化しつつあることが、経済回復の原因だ。感染が拡大している地域もあるからまだ予断を許さないが、20年に比べれば状況は大きく変わった。

こうして、コロナ後の世界も米中が牽引《けんいん》するという構造が続くだろう。

2　米中貿易収支はどうなったか？

アメリカの対中貿易赤字は縮小したが……

第1章で見たように、米中貿易戦争は、2018年7月にアメリカのトランプ政権が中国に対して第1弾の制裁関税を課すことで始まった。19年9月に第4弾を発動するまで、制裁関税と報復関税による税率引き上げが続いた。20年1月に第1段階の合意がなされたが、基本的には据え置きになっている。そして、バイデン大統領はトランプ前政権の対中制裁措置を停止せず、引き継いでいる。

トランプ前大統領の目的は、中国からの輸入を減らしてアメリカの貿易赤字を減少させ、製造業の雇用を増やすことだった。

では、米中の貿易や貿易収支はどうなっただろうか？　米中間に限って財の貿易を見ると、図表3‐2に示すとおりだ。

中国からの輸入額は輸出額よりずっと多いので、貿易収支の動向はほぼ輸入額によって決ま

図表3-2　アメリカの対中貿易の推移

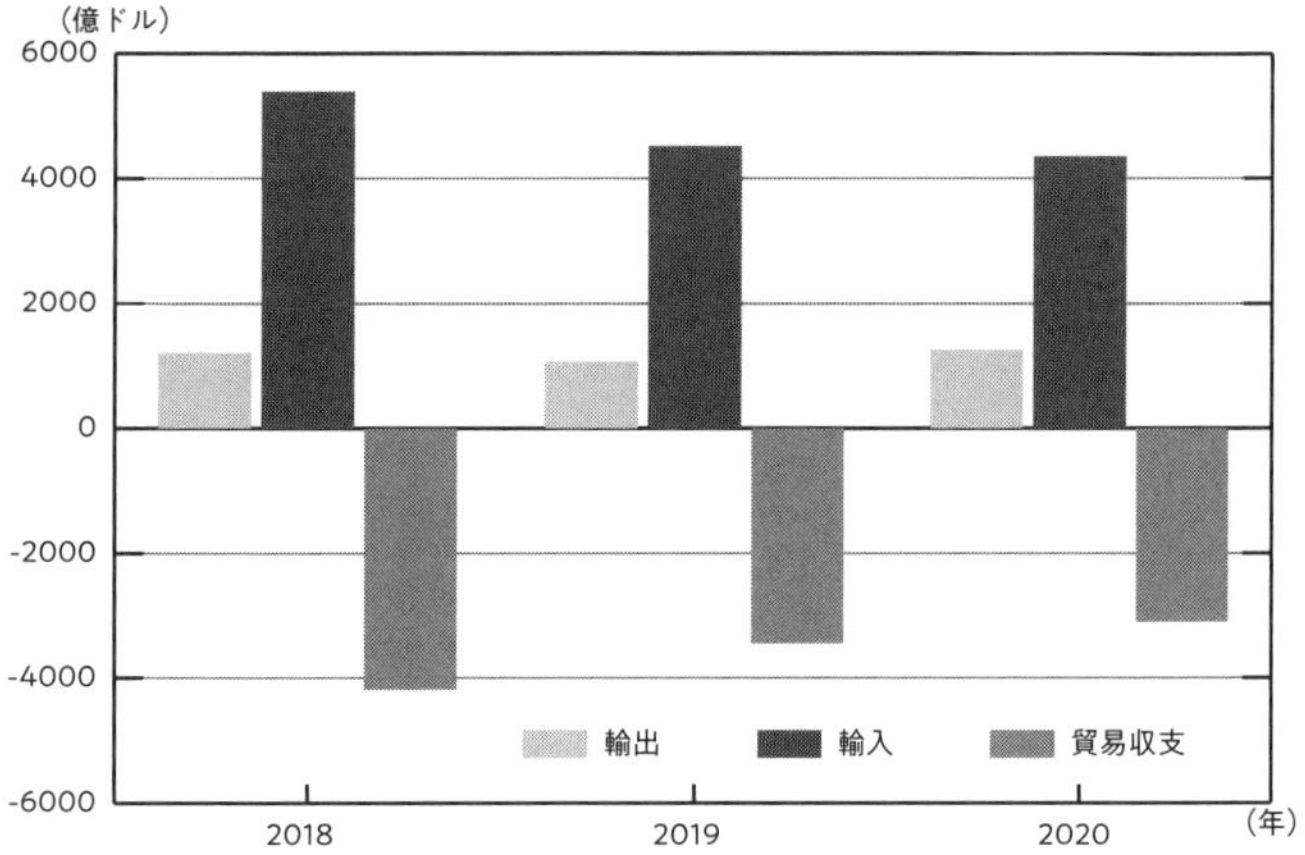

（資料）U.S. Department of Commerce, U.S. Trade in Goods by Country のデータより筆者作成

る。アメリカの中国からの輸入は、19、20年と減少し続けた。この結果、貿易収支は、19年、20年とも減少した。

これを見るかぎり、「中国からの輸入を減らし、貿易赤字を縮小させる」というトランプ前大統領の目的は達成できたように見える。

対世界貿易ではアメリカは輸出減・赤字拡大、中国は輸出増・黒字拡大

しかし、米中貿易だけでなく、範囲を広げると、違う図式が見える（図表には示していない）。

まずアメリカを見ると、2020年の輸出は前年比16％減の2兆1300億ドルだった。これは、過去60年間で最大の落ち込みだった。財の貿易赤字は20年に9158億ドルに膨らみ、1961年以降で最大だった。

トランプ前大統領がめざしたのが、対中貿易だけでなく対世界貿易の赤字の縮小だったとすれば、それは達成できなかったわけだ。

他方、中国では、20年の輸出は前年比3・6％増の2兆5906億ドルと過去最高を更新した。輸入は1・1％減の2兆556億ドルだった。貿易収支は5350億ドルの黒字だった。これは、19年の黒字額から27％増で、過去2番目の大きさだった。

このように、米中貿易だけでなく、貿易全般を見れば、貿易戦争は中国の勝ちだったということができる。

貿易戦争が始まったとき、中国がいずれ屈服するだろうと考えた人が多かった。私もそう考えた。その理由は、中国の貿易依存度がアメリカより高いからだ。ところが、実際には、そうならなかったのだ。

20年は、もちろん、コロナ下の特殊事情が大きく影響している。中国が国内感染を迅速に抑え込み、経済活動を早期に再開したことの影響が大きい。しかし、そうではあっても、米中の輸出や貿易収支の動向がほぼ正反対の結果となったのは、重要なことだ。

3 対中依存を強める世界経済

対中輸出が日本経済を支える

中国と欧米諸国の経済が回復する中で、日本経済の足取りは鈍い。緊急事態宣言の発令で外出自粛が求められ、外食や宿泊などのサービス消費が落ち込んでいるためだ。

ところが、輸出は堅調な伸びを示している。好調な輸出によって製造業の業績は急回復し、上場企業の２０２１年3月期決算は大幅な増益になった。

中でも増加が著しいのが対中輸出だ。貿易統計によって対中、対米輸出の推移を見ると、図表３‐３のとおりだ。

対中輸出は20年初めには急減したが、早くも2月頃から回復が始まった。そして、6月には19年の平均月額を超えた。12月にはさらに大きく伸びた。

21年1、2月は春節（中国の旧正月）の時期のずれの影響から大きく下振れした。しかし、3月には回復し、昨年同月比が37・2％という高い伸びとなった。このように、中国の経済回

図表 3-3　日本の対中、対米輸出の推移

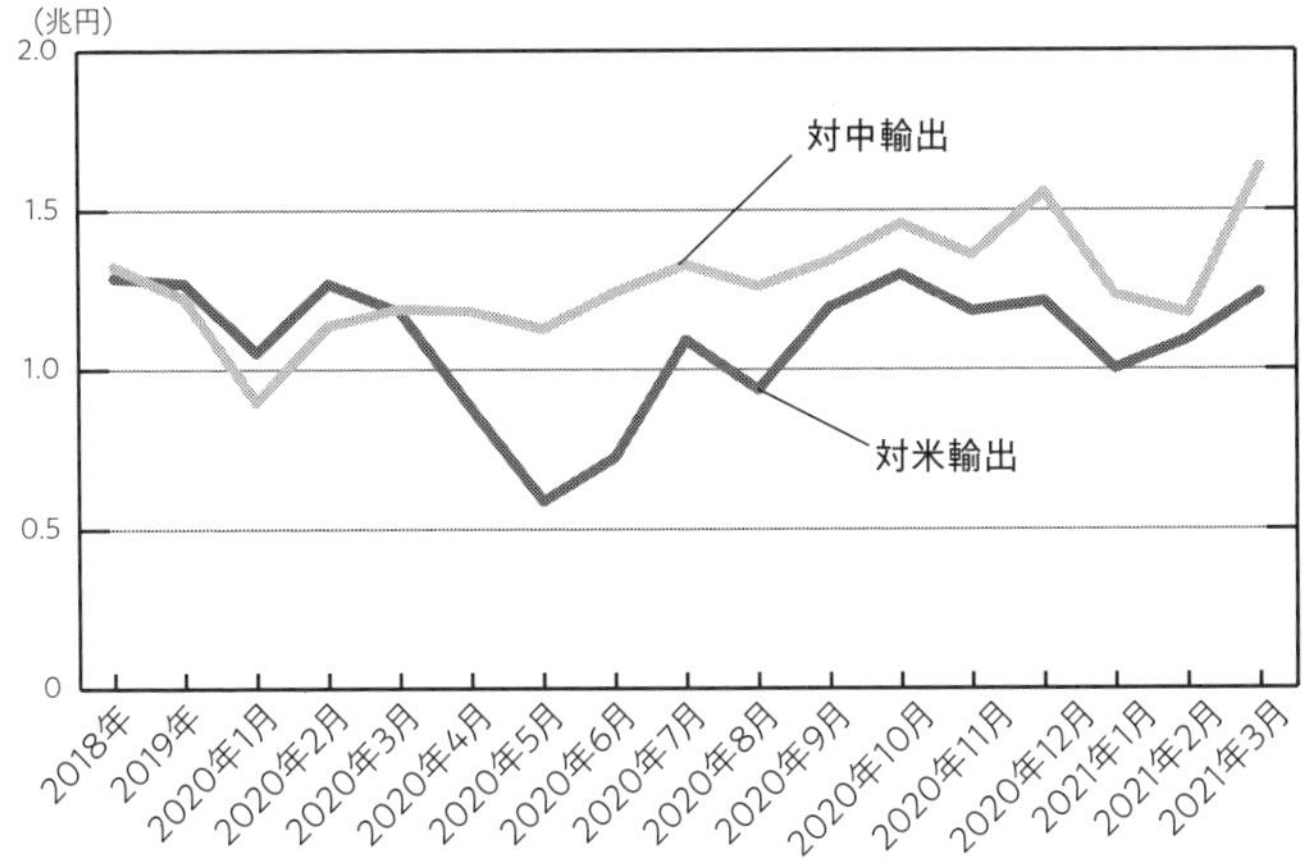

(注)2018 年、2019 年は月間平均値
(資料)貿易統計のデータにより筆者作成

復が日本経済を支えている。

他方、対米輸出は、20年4、5、6月に大きく減少した。その後回復したが、10月以外は19年の月平均を超えられなかった。回復したのは21年3月になってからだ。

この結果、日本の輸出額に占める対中輸出の比重が増えた。19年には対米、対中がほぼ同額だったが、21年3月には対中輸出が対米輸出の1・3倍となっている。

このように、コロナの時期を通じて、中国のプレゼンスが増加した。あとで見るように、これは日本だけのことではなく、全世界的な現象だ。日本も含めて多くの国々の経済回復が、対中輸出に依存している。

重要なのは、ほとんどの国への輸出が19年に比べて減少しているのに対して、対中輸出は増加していることだ。

中国からのリショアリングは起きていない

日本の輸入総額に占める中国からの輸入の比率を見ると、図表3‐4のとおりだ。

米中貿易摩擦が始まる前の2017年には25%程度だった。米中貿易摩擦が始まって以降の18、19年においても、この比率はほとんど変化していない。

20年2月にはコロナの影響で比率が大きく低下したが、一時的なものにすぎなかった。その後、比率はむしろ上昇している。20年11月には3割近くにまでなった。

中国からの輸入にはさまざまなものが含まれているので、これをもって、生産拠点としての中国の重要性を測ることはできない。ただし、輸入面での対中依存が20年に高まったことは間違いない。

【キーワード】リショアリング

リショアリング（Reshoring）とは、海外に移した生産拠点を再び自国へ移転すること。賃金の上昇などが原因だ。これによって、世界的水平分業やグローバル化が後退するだろうとの予測もある。

しかし、日米欧などの先進国の場合、自国に移転すれば、労働コストが増える。しかも、必要な技術者を確保できないという問題もある（第5章の2参照）。

多くの企業は供給網の分散化を計画しているが、それは生産の一部をコストの安い東南アジアへ移すことだ。これは「チャイナ・プラス・ワン」戦略と呼ばれる。トランプ前大統領が中国からの輸入に高関税を課した狙いは、生産をアメリカ国内に回帰させることだった。しかし、実際に生じたのは東南アジアへの生産移転だった。

図表3-4 日本の輸入総額に占める中国からの輸入の比率

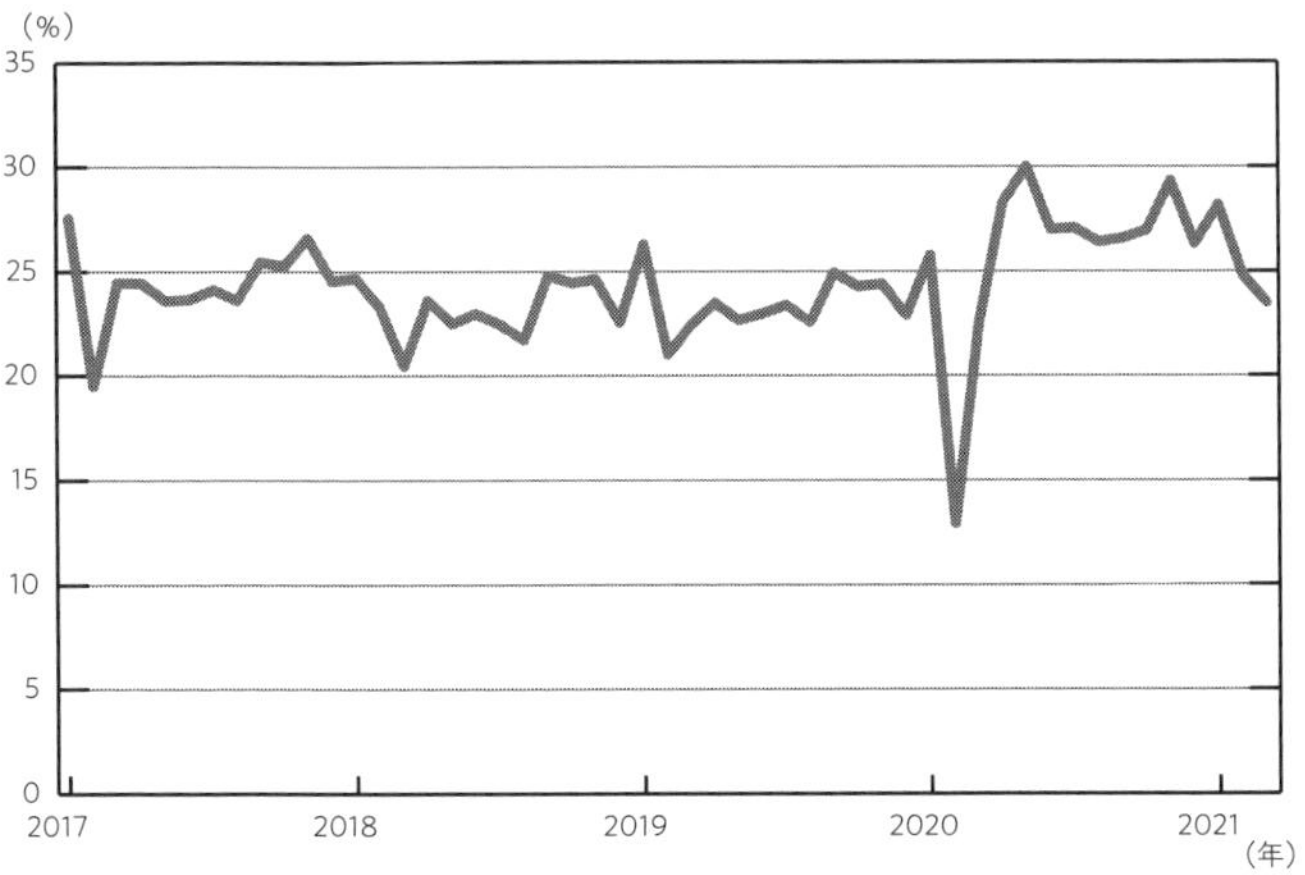

(資料)貿易統計のデータにより筆者作成

中国からの自動車部品輸入の推移を見ると、コロナ感染拡大の影響で、20年の1、5、6月には減少した。しかし、20年秋以降はほぼ19年の水準に戻っている。18年に比べれば減っているとはいうものの、さほど大きな減少ではない。これを見るかぎり、自動車部品のサプライチェーンが大きく変わったとは思えない。

リショアリングは、コロナや米中摩擦の前から言われていたことだ。とくに、中国での賃金が上昇することから、中国生産の有利性が失われ、脱中国化が進むだろうと言われた。しかし、少なくとも現在までのところ、中国からのリショアリングが起きているとは思えない。

しかも、「脱中国依存」はつぎの理由から必ずしも合理的とは言えない。だから、今後も大きく進むことはないだろう。

第1に、中国での産業集積が非常に厚いため、安定的な供給を期待できる。こうした生産能力を代替しうる国はほかには見当たらない。

第2に、以下で述べるように、市場としての中国の重要性は変わらない。

中国はコロナの感染拡大を早期に抑え、経済活動を再開させるのが早かった。このため、中国は20年にプラス成長を実現した。

今後も40年代頃までは5％台の成長率を保持する可能性が高いと考えられている（第8章の2参照）。このため、米中摩擦の拡大にもかかわらず、中国は世界の大多数の企業にとって長期的に最も重要な市場だ。

こうして中国は、生産地としても市場としても、存在感をいっそう高めている。しかし、一方において、これは今後の日本経済にとって大きなリスクになるだろう。

供給面では、問題はすでに現実化している。半導体不足の問題（中国の半導体ファウンドリSMICがアメリカの制裁対象になったため、日本の自動車産業が減産に追い込まれた）がそれだ。これについては第4章の1で詳しく論じる。

ドイツも対中依存

対中依存の高まりは、EU（欧州連合）でも同じだ。2020年には、中国はアメリカを抜いてEU最大の貿易相手国になった。

対中依存がとくに著しいのが、ドイツの自動車産業だ。例えば、中国の富裕層が高級車「メルセデス・ベンツSクラス」の購入を増やし、それがドイツ国内市場の落ち込みを埋め合わせた。

ドイツ企業の対中戦略は、「中国ドイツ商会」（中国に進出したドイツ企業で構成される団体）が21年2月に行なった「在中ドイツ企業のビジネス心理に関するアンケート結果」で見ることができる。ジェトロ（日本貿易振興機構）が紹介している同調査の結果は、つぎのとおりだ。

中国に進出したドイツ企業へのアンケートで、「今後2年以内に中国にさらなる投資を計画しているか」との問いに対して、72％が投資を「増加させる」と回答した。18年と19年の調査より比率が上昇した。

それに対して「減少させる」は21％で、19年調査より5％ポイント低下した。「今後12カ月以内に中国から完全に撤退する予定はあるか」の問いには、96％の企業が「まったく計画がない」と答えた。「計画はないものの考慮中」の企業は3％、「予定あり」との回答はわずか1％だった。また、「最近生産能力を中国外に移転する決定をしたか」の問いには、「いいえ」が87％で、19年調査よりも回答率は10％ポイント上昇した。

このように、ほとんどのドイツ企業は中国から撤退しようと考えておらず、むしろ逆に、中国への投資を増やそうとしている。

なお、「生産能力を中国から移転する最大の理由は何か」の問いには、「労働コストを含むコスト上昇」が52％で最も多かった。企業が問題としているのは、米中対立ではなく、コストの上昇だ。

4 日本経済は低迷を続ける

ワクチン接種の遅れで日本は世界の趨勢から取り残される

本章の1で述べたように、欧米諸国では2021年になってから、経済再開の動きが顕著になった。ところが、日本はこうした傾向から取り残された。

7月のＩＭＦの見通しでは、21年の日本の成長率は0・5％ポイント引き下げられて2・8％となった。先進7カ国（Ｇ7）で予測が悪化したのは日本だけだ。

8月16日に公表された日本のGDPの21年4〜6月期速報値は、2四半期ぶりのプラス成長になりはしたものの、実質GDP成長率は前期比0・3％増、年率で1・3％増にすぎなかった。7月末から8月にかけて、日本は感染爆発に見舞われた。日本でワクチンの接種が進まなかったからだ。

オックスフォード大学が運営する「Our World in Data」のワクチンの接種率（2回完了者、7月27日時点）を見ると、日本は26・4％だった。

それに対して、アメリカは48・4％、イギリスは55・2％、ドイツは49・9％、フランスは45・3％だった。日本は、欧米諸国に比べて半分程度の水準だ。

首相官邸のデータによると、高齢者でも2回完了者は70・0％だった。菅義偉首相（当時）は、「7月末までに高齢者の接種を完了させる」と4月に表明したが、それは実現できなかったわけだ。

迷走と混乱を繰り返したワクチン接種

日本でワクチンの接種が進まなかったのは、政府が対応を誤ったからだ。実際、ワクチンをめぐる日本政府の対応は迷走と混乱そのものだった。

1日100万回の接種をめざすとの政府の大号令の下で、職域接種の準備が進んだ。ところが、企業が準備を整えたあとになって、モデルナ製ワクチンが不足していることが明らかになった。河野太郎大臣（当時）は２０２１年6月23日に、ワクチンの供給不足を発表し、職域接種の中止を表明した。申請は6月25日で一時休止となった。準備を進めた企業は、見事にはしごを外されたことになる。

自治体にも混乱が起きた。7月16日、加藤勝信官房長官（当時）は、自治体に４０００万回分の未接種のワクチンが残っていると指摘し、在庫が多い市町村への国の配分量を1割削減する方針を示した。

6月までに供給した８８００万回分のうち、ＶＲＳ（ワクチン接種記録システム）のデータによる接種実績が約４８００万回分なので、残りは「自治体や医療機関が持っている」との見方だ。

ところが、自治体側は「在庫はない」と反論した。ＶＲＳは使い勝手が悪く、入力作業が面倒なために作業に遅れが生じているのであり、接種実績はもっと多いというのだ。

ＶＲＳは、紙の接種証明書の情報をタブレット端末で読み取って、デジタル情報にする仕組みだ。ところが、接種券に記載された情報をうまく読み取れない。このため、接種の際には、ＶＲＳに入力する時間がとれない。急遽《きゅうきょ》職員をかき集めて入力作業を急いだが、間に合わない。

ＶＲＳはバーコードも読み取り可能だとされていたので、接種券にバーコードを入れた自治体もあった。しかし、実際には読み取ることができなかった。報道によれば、こうして、使われないままのタブレット端末が会議室に積み上げられた。

大阪市の個別接種の診療所では、9割がVRS端末の利用を希望せず、接種日から登録まで平均1カ月の遅れが発生した。そこで、7月以降は接種券をこまめに回収するなどして、遅れを1週間に縮める対応をとったそうだ。

長期経済低迷から抜け出せない日本

現時点で将来の見通しはまったくつかないが、いくらなんでも、2022年になれば事態は正常化するだろう。そうなることを願ってやまない。

では、22年になれば、日本経済はコロナ前の水準を取り戻せるのだろうか?

実は、その保証もない。実際、前記IMFの推計だと、実質成長率は22年になっても3・0%であり、主要国の中で最低だ（図表3－1参照）。

この見通しによると、22年の日本の実質GDPは559・95兆円であり、19年の555・8兆円に比べて、0・75%多いだけである。

これは、誤差の範囲と言えるだろう。つまり、日本経済は、20、21、22年の3年間にわたり、19年のレベルを超えられないのだ。

このように、日本経済は深刻な構造的問題を抱えていることが分かる。その一端がコロナ期に明確な形で現れただけであり、問題の根はもっと深いのだ。

ワクチン接種の混乱からデジタル庁の将来を占う

日本が抱える構造的問題としてデジタル化の遅れがあることが、コロナ下で明らかになった。この遅れを取り戻すために、政府はデジタル庁を新設した。

では、これによって、日本が抱える構造的問題を克服できるのだろうか?

そうなることを切に願いたい。しかし、現実を見ると、その期待が急速に萎《しぼ》んでいく。例えば、前項で述べたVRSだ。これまで各省庁が発注したデジタルプロジェクトには問題が多かった。とくに、厚生労働省が開発した仕組みは、ことごとく問題を起こした。国がワクチン接種の準備を始めた2021年1月、厚労省は官邸に「ワクチンの接種記録を集計するには2カ月かかる」と説明したところ、官邸は激怒したといわれる。

そこで、接種記録システムは、内閣官房情報通信技術（IT）総合戦略室が直接に取り組むこととなった。これはデジタル庁の母体だ。だから、VRSは、デジタル庁の行方を占う試金石だったのである。開発されたVRSは、瞬時に記録ができると宣伝された。つまり、接種状況のリアルタイムの把握が可能になるというのだ。

ところが、実態はすでに述べたように、ワクチンの配布に混乱をもたらす結果になった。

5 コロナがわれわれに突きつけた問題

民主主義国家はコロナを制圧できるか？

コロナは、いくつもの本質的な問題をわれわれに突きつけた。

中国は、世界に先駆けていち早くコロナの制圧に成功した。ただし、それは大都市をあっという間に封鎖するなど、国家の権力によるものだ。中国は共産党の強権でコロナを抑え込んだのだ。

他方で、民主主義国家では、このような強権的対応策がとれない。都市のロックダウンも難しい。こうして、コロナの感染が拡大した。その結果、民主主義体制ではコロナをコントロールできないのではないかとの深刻な懸念が生じた。

中国は、2021年にも高い経済成長率を維持する。他国は、対中輸出の増加でその恩恵にあずかる。デジタル人民元などの最先端分野でも、中国の躍進が続くだろう。

民主主義国家は「強権によらずにコロナを制圧できるか」という困難な課題を突き付けられている。コロナによる所得格差の拡大と社会の分断は、コロナ後においても残る問題だ。

中国という強権国家が成長していくことに、世界はますます警戒を強めている。それに対して、西側諸国はどのようなイデオロギーで対決するのか？

ワクチンや治療薬という技術により、医療体制の整備という社会的な体制により、そして感染防止への人々の自発的な協力により、中国のような強権には頼らず、個人の自由を尊重する民主主義の枠内でコロナを制圧できるのだろうか？

これまでのところ、事態は楽観できない。日本をはじめとする多くの民主主義国家において、感染拡大防止と経済活動再開のバランスをとることができない。

感染拡大防止のために人々の行動や経済活動を規制し抑制すれば、経済が落ち込む。それに対して完全な救済策を講じることができないので、規制を緩める。すると感染が再び拡大する。この繰り返しから逃れることができない。それどころか、第1波、第2波、第3波、第4波、第5波と、感染はつぎつぎに広がっているように見える。

われわれは深刻な問題を突き付けられている。理念を唱えるだけでは、事態をコントロールすることはできない。

実際、20年には、これまで言われてきた理念にもかかわらず、各国が協力することができなかった。WHOをはじめとする多くの国際機関も、感染拡大に関してほとんど無力であった。こうした事態が21年、22年には変化するのだろうか？　民主主義国家は、コロナを制圧できるかどうかという重大な課題に直面している。この問題は第7章で再び論じることとする。

分断された社会はコロナ後にも残る

コロナによる経済的な影響は、すべての人に同じように及んでいるわけではない。

コロナの影響を受けて収入が大きく落ち込んだり、場合によってはまったくなくなってしまった人がいる。しかし、他方で、収入がほとんど減っていない人もいる。

またコロナによって、かえって所得が増えた人もいる。株式投資をしている人は、株価の上昇によって利益を受けたことだろう。こうして、格差が拡大し、社会が分断されている。

アメリカ大統領選挙で社会の分断が問題にされたが、これはアメリカに限った問題ではない。これまで所得分布が比較的平等で、全国民が中間階層であると言われてきた日本においても、所得格差が拡大している。

そしてこれが、コロナによってさらに明確な形で拡大された。これに対して、政府はなんの抜本的対策も講じようとしない。

オリンピックの開催に関しても、社会的な合意を形成することが困難だった。国家に対する信頼が大きく揺らいでいるのだ。

これは、コロナが終息したとしても残る問題だ。コロナの制圧は目前の重要な課題だが、それに成功したとしても、われわれはすべての問題が解決されたわけではないことを知るだろう。

第3章のまとめ

・新型コロナウイルスを早期に克服した中国に続いて、アメリカ経済も急回復している。

・米中貿易戦争で、中国の対米輸出が減り、アメリカの対中貿易赤字は減少した。しかし、アメリカの対世界輸出は2020年には減少し、貿易収支の赤字が拡大した。その半面で、中国の対世界輸出は増大し、黒字が拡大した。

・輸出の増加が日本経済の下支えになっている。とくに対中輸出の増加が著しい。中国は世界の工場としても、市場としても、存在感を強めている。そうした中で、民主主義諸国は、バイデン政権の対中強硬策に協調できるだろうか？

・２０２１年に欧米諸国の経済が回復する中で、日本経済は立ち遅れている。その根本的原因は、ワクチン接種が進まなかったことだ。それだけではなく、長期停滞から脱却することができず、22年になっても19年の水準を取り戻せない。

こうした状況から脱却する切り札として、デジタル庁が発足した。ところが、デジタル庁の母体組織が接種状況把握の切り札として開発したＶＲＳは、自治体からそっぽを向かれ、ワクチン配布に混乱をもたらした。

第4章
米中経済戦争で国際分業に支障が生じている

1

米中経済戦争が半導体不足を深刻化させた

2020年秋以降の半導体不足問題

世界経済がコロナから回復する過程で、米中経済戦争が大きな攪乱《かくらん》要因になっている。それが顕著に表れているのが、2020年秋以降の半導体不足だ。

まず、在宅勤務の広がりなどによって、PC（パソコン）やスマートフォンなどの機器に対する需要が増加し、半導体の需要が増えた。そして、世界的に半導体の不足が目立つようになった。

さらに、20年10～12月頃には、中国の自動車市場の回復に対応して、自動車の増産が始まり、半導体不足が深刻化した。自動車の生産がこれによって制限されるような事態になった。

ここまでは、「需要が急増したので供給が追いつかない」という話だ。問題が深刻であることは間違いないが、理解するのは簡単だ。また、影響は一時的ではないにしても、いつかは解消する。

しかし、問題はそれだけではない。アメリカ政府による中国企業への制裁措置が、半導体不足に拍車をかけ、混乱を助長させたのだ。つまり米中経済戦争が、問題を複雑化させ、悪化させたことになる。これは構造的な問題であり、時間がたてば自然に解決するというものではない。

半導体ファウンドリと「5nmプロセス」

アメリカの制裁措置が半導体不足をもたらしている事情は、やや複雑だ。そこで、関連する企業名と最新半導体技術の概要を最初に説明しておこう。

半導体産業では、開発・設計と製造の分離が進んでいる。製造を引き受けるのが、半導体ファウンドリ（受託製造）だ。

以下に登場する企業は、つぎのとおりだ。

・ファーウェイ・テクノロジーズ（華為技術）：中国を代表する通信機メーカー。スマートフォンなども生産していた。

・TSMC（台湾積体電路製造）：規模でも技術でも世界最大・最高のファウンドリ。

・ＳＭＩＣ（中芯国際集成電路製造）：中国最大のファウンドリ。

つぎに、半導体技術について。

「ＳｏＣ」（System on a Chip）とは、1個の半導体チップ上に多くの機能を載せたチップのことだ。ＳｏＣの製造では、波長が13・5nmのＥＵＶ（極端紫外線：非常に波長の短い光）を光源として、数nmの回路パターンをシリコンウエハーに形成する。この技術をＥＵＶＬ（ＥＵＶリソグラフィ）という。nm（ナノメータ）とは、10億分の1メートル。

ＴＳＭＣは、iPhone12のＳｏＣであるＡ14プロセッサを、5nmプロセスで製造している。極めて小さな基板上に、118億個のトランジスタを集積している。ＴＳＭＣは、5nmプロセスで世界最先端にいる。

米中経済戦争が半導体不足に拍車をかける

【キーワード】EMS、ファウンドリ、ファブレス

水平分業の進展によって、製造業においても開発・設計、マーケティングと製造過程が別の企業によって行なわれるようになった。

EMS（Electronics Manufacturing Service）とは、電子機器の製造を受託するサービス、あるいはそれを請け負うメーカーのことだ。半導体産業において半導体チップを生産する工場のことを、ファウンドリ（foundry）という。

ファブレスとは、工場（Fab）がない（Less）という意味。開発・設計、マーケティングを主な業務とする。

アメリカ商務省産業安全保障局（ＢＩＳ）は、２０２０年5月15日、ファーウェイとその関連企業を「エンティティー・リスト」（第1章の「キーワード」参照）に載せ、同社への輸出管理を強化すると表明した。

ファーウェイは、それまで次世代旗艦スマートフォン用の Kirin 1020 チップの製造を、ＴＳＭＣに外注していた。ＴＳＭＣは、これを5nm ＥＵＶプロセスで量産していた。しかし、9月からはＴＳＭＣから調達できなくなるので、ファーウェイはＴＳＭＣへの注文を急増させ、在庫を積み増して9月に備えた。ＴＳＭＣは、7月から異例の繁忙期に突入した。そして、世界の半導体の需給バランスが逼迫《ひっぱく》した。

一方、ファーウェイは、委託先を5月にＴＳＭＣからＳＭＩＣに変更した。ところが、9月になると、「米商務省がＳＭＩＣをエンティティー・リストに追加することを検討中」と報じられた。

ＳＭＩＣは車載半導体で多く使う28nm、40nm、65nmの半導体製造を得意としている。制裁が発動されると、自動車メーカーなどの米企業はＳＭＩＣから半導体供給を受けられなくなる。20年12月には、ＳＭＩＣへの制裁が正式に発表された。こうして、台湾のファウンドリへの注文がさらに集中した。

中国の自動車需要回復と重なり、台湾への注文がさらに増加

２０２０年の前半、新型コロナウイルスの感染拡大によって、自動車産業は減産を続けていた。ところが、中国はいち早くコロナ制圧に成功した。そして中国の自動車市場は、８、９月には2桁の成長を見せた。これに対応して、世界の自動車メーカーは、一転して10月からの増産を決めた。

その結果、車載半導体の発注が、10～12月に突然膨れあがった。このため、台湾のファウンドリへの注文がさらに増加した。こうして、半導体不足の本格的な混乱が始まったのだ。

そして、自動車生産に大きな影響が及んだ。21年に入ってからは、フォード・モーターが最大で2割の減産見通しを発表。ゼネラルモーターズ（ＧＭ）も減産を公表した。トヨタ自動車、ホンダも減産に追い込まれた。

このように、米中経済戦争は、米中両国だけではなく世界経済に混乱をもたらしている。冷戦時代にも、ココム（対共産圏輸出統制委員会）が１９４９年につくられ、ソ連など共産圏への輸出が規制された。しかし、第2章で述べたように、ソ連は世界経済から切り離されていたので、これが世界経済の混乱をもたらすことはなかった。

ところが、現在、中国は世界的なサプライチェーンの中で重要な役割を果たしている。また、アメリカについで世界第2位の輸入大国だ。政治的な理由による輸出規制といっても、それが

もたらす影響は、冷戦時代のソ連に対するものとはまったく異なる。

アメリカの自国内生産は正しい方向か？

最先端の半導体の製造が台湾に集中していることが問題だという意見が、アメリカで強まっている。中国が台湾に脅威を与える状況で、これ以上半導体で台湾に依存するのは危険だという考えだ。

そこで、アメリカ独自の半導体生産を始めるとする動きが起こっている。これまで半導体メーカーが進めてきた生産の外部委託方式が転機を迎えているのだ。

インテルは、ニューメキシコ州にある工場の機能を高める計画を明らかにした。TSMCは、アリゾナ州で現在建設を計画している工場1カ所に加え、最大5カ所を追加で建設する計画だ。工場拡大はアメリカ政府からの要請に応じたものだと言われる。TSMCがアリゾナ州に建設する新工場は、5nmプロセスのチップ製造設備を備える。

「これが実現すれば、世界最大の半導体製造ファウンドリをアメリカ国内に取り入れることになるため、アメリカ企業が新しいデバイスを開発・製造する速度を劇的に加速させることができるようになる」との意見がある。

しかし、生産地を台湾からアメリカに移せば、賃金が上昇して生産コストが高まる。そのコ

図表4-1　水平分業、自由貿易の重要性に関する論点

テーマ	本書での参照箇所
水平分業	第２章の１【キーワード】
交易の利益、比較優位の原則	第２章の５
国内生産が望ましいとは言えない	第２章の５
リショアリング	第３章の３【キーワード】
半導体戦争	第４章の１
レアアース、情報	第４章の２
リショアリングを進めるべきか否か	第４章の３

ストは、最終的には消費者に転嫁される。アメリカの消費者だけではない。世界の消費者が、負担増を強いられる。新興国が生産を引き受ける国際的水平分業によって、製造業は生産性を高めてきた。それが逆戻りしてしまう。

本来、日本は自由貿易の重要さをアメリカや中国に説得すべきだ。しかし、そのような役割を期待するのは高望みすぎるかもしれない。

また、生産地の分散化が必要なら、日本も一員となって、生産地点の役目を担うべきだろう。これまでＴＳＭＣが担当していたようなレベルの車載用半導体の生産を日本が受け持てばよいという考え方もあるだろう。

本来であれば５nmレベルでの半導体製造の役割を担ってほしい。ところが、技術的に追いつかない。誠に残念なことだと言わざるをえない。

なお、水平分業や自由貿易の重要性については、本書の各所で論じている。その一覧表を示すと、図表４-１のとおりだ。

2　レアアース戦争とデータ持ち出し禁止

中国輸出管理法が日本企業の最大関心事

中国は２０２０年12月に輸出管理法を施行した。これは、アメリカの対中貿易制裁に対する中国の対抗手段だ。中国は、ファーウェイをターゲットとしたアメリカの制裁への報復の道具として使用する可能性を考えている。対象はアメリカの企業であり、日本企業ではないだろう。

しかし、日本企業は、これが恣意《しい》的に運用されることを懸念している。ジェトロ（日本貿易振興機構）が行なった「２０２０年度日本企業の海外事業展開に関するアンケート調査（海外ビジネス調査）」によると、最も影響を受ける通商政策は、19年には「追加関税措置」であったが、20年には「中国の輸出管理規制強化」が最も高い回答率（29・３％）で、「米国の輸出管理・投資規制強化」（25・９％）より高くなった。

とくに問題はレアアース（希土類）だ。これは、ハイブリッドカーやＥＶ（電気自動車）の永久磁石の材料として欠かせない。また、蛍光灯、ＬＥＤやレーザーなどの発光材料、ＭＲＩ

の造影剤にも使われる。スマートフォンやPCなどの製造にも欠かせない。現代の産業に不可欠のものだ。

ところが、この鉱床の多くが中国に集中しており、全世界の約7割が中国で生産される。日本は世界のレアアース需要の半分を占めるといわれ、中国から大量のレアアースを購入している。だから、輸出管理法によって、中国からのレアアースの購入が困難になることを非常に恐れているのだ。

2010年レアアース戦争は日本の「勝ち」

「レアアース戦争」は実際に起こったことがある。2010年9月7日、尖閣諸島で中国人船長が日本の海上保安庁に逮捕される事件があり、その後、中国からのレアアース輸出が規制されたのだ。

これに対して、12年3月、日本はアメリカ、EUとともに、中国のレアアース輸出規制をWTO(世界貿易機関)に提訴した。そして、14年8月に協定違反の判決を引き出した。敗訴した中国政府は、15年1月、レアアース輸出規制を全面撤廃した。

なお、日本の対応は、以上だけでなく、もっと積極的なものだった。日立製作所やパナソニック、ホンダなどは、都市鉱山(既存部品の廃品)からの回収やリサイクルを行なった。さらに、より少ないレアアースで性能のよい製品を開発した。

こうしたことにより、日本の中国へのレアアースの依存度は、09年の86％から15年には55％まで低下した。レアアースの価格が急落したため、中国のレアアース生産企業は赤字に陥った。中国は自分で自分の首を絞める形となったのだ。こうして、レアアースの紛争は日本の勝利に終わった。

第2章の5で「貿易戦争に勝者はいない」と述べた。いま見たレアアース戦争は、第2章の5で述べた意味での貿易戦争ではない。日本は、中国からの輸入を規制するという対抗策をとったのではなく、中国の輸出規制をＷＴＯに提訴し、かつ技術開発を行なった。そのために、勝者になれたのだ。

日本企業はいまでもレアアース需要を減らすための技術開発を続けている。18年、トヨタ自動車は、レアアースの使用量を半分に減らした磁石の開発に成功した。そして、政府の支援政策は、政権に関係なく一貫して推進されている。

さらに、太平洋の深海底に、中国などの陸上鉱山より2～5倍の濃度があるレアアース泥が10～70mの厚さで分布していることが発見された。13年には、南鳥島のＥＥＺ（排他的経済水域）内の海底で、中国鉱山の約20倍である７０００ppmの超高濃度レアアース泥が発見された。レアアース含有量が５０００ppm以上のレアアース泥であれば、現在の陸上鉱山のレアアースと同程度の価格を実現できると言われる。

データ安全法でデータの持ち出しを禁じる

2021年6月10日、中国の全国人民代表大会で「データ安全法」が成立し、9月1日に施行された。データ収集などの行為が「中国の国家安全を損ねる」と判断された場合には、国外での行為に対しても法的責任を追及される。

この第2次草案は4月29日に発表されたが、アメリカのEV（電気自動車）メーカー、テスラは5月25日、これへの対応措置として中国市場で販売した車両から収集した情報を保存するデータセンターを中国国内に設置したと発表した。今後も中国でデータセンターを増やし、中国市場で販売したすべての車両から発生するデータを中国国内で保存する。

中国では17年に「サイバーセキュリティー法」（インターネット安全法）が施行されている。また、個人情報の国外持ち出し制限を含む「個人情報保護法」が、全国人民代表大会常務委員会によって8月20日に可決された。21年11月1日から施行される。これらと「データ安全法」を合わせて、データ管理の体制が整備され、輸出規制がデータにも適用されることになる。個人情報保護法では、個人データに関して中国に差別的な措置をとった国への対抗措置も盛り込んだ。トランプ前大統領が中国発の動画投稿アプリ「TikTok」やスマートフォンの対話アプリ

「微信」を標的としたことに対抗する可能性が高い。

3 リショアリングを進めるべきか否か?

米中貿易戦争の影響で中国での生産に支障

中国での生産に支障が出たり見直したりするというニュースが報じられている。

アメリカEVメーカーのテスラは、中国の上海工場を拡張して輸出拠点にするための土地取得計画を凍結した。米中関係の緊張による不透明感が理由という。中国で生産されたEVは、トランプ前大統領が課した25%の税率が上乗せされるため、テスラは中国での生産比率を抑える方針だ。

また、アップル製品の組み立てを受注している台湾のフォックスコンは、アップルの要請を受けて、iPadとMacBookの組み立ての一部を中国からベトナムに移管する計画だという。

こうした動きは米中対立の本格化が背景にあるが、波紋は日本企業にも及んでいる。

2021年1月には、ユニクロのシャツの輸入がロサンゼルス港で差し止められるという事件が起きた。理由は、「中国・新疆ウイグル自治区での強制労働により生産された疑いがある」ことだった。

中国絡みで最近よく使われる「リショアリング」(第3章の「キーワード」参照)とは、海外に移した生産拠点を再び自国へ移し戻すことだ。20年の夏前には、コロナの影響でサプライチェーンに問題が起きたことから「リショアリングが必要」という意見が強くなった。その後も米中対立の激化で前記のような問題が起きていることから、そうした声が出ている。

では、実際にリショアリングが起きているのだろうか? それは望ましい動きなのか?

「リショアリング」推進の政策にもかかわらず、中国での事業は拡大する

2020年春、中国からの部品調達が滞ったことにより、世界の自動車メーカーが一時的に生産調整を余儀なくされた。これを受けて、サプライチェーンの見直しが必要との議論が起きた。

日本政府は、20年4月、新型コロナウイルス感染拡大に対する緊急経済対策として、海外生産拠点の国内回帰と、ASEAN(東南アジア諸国連合)などへの拠点多元化を支援する補助金支給策を発表した。国内回帰向けに2200億円、生産拠点多元化向けに235億円を配分

した。このように、日本政府は「中国リスク」を回避する一環として、生産拠点の国内回帰を呼び掛けている。

しかし、前記の「海外ビジネス調査」（ジェトロ、20年度）によると、対中ビジネスを拡大するという回答が多い。中国ビジネスについて、「既存ビジネスの拡充、新規ビジネスの検討」との回答が39・5％。それに対して「既存ビジネス規模を維持する」は18・7％だった。今後、海外で事業拡大を図る国・地域については、中国が48・1％、ベトナムが40・9％、アメリカが40・1％だった。

同じような調査として、国際協力銀行によるものがある（「わが国製造業企業の海外事業展開に関する調査報告」、21年1月）。それによると、今後3年程度の有望な事業展開先国としては、中国がインドを抜き再び首位になった。

現実の動向としても、第3章で見たように、日本の輸入における中国の比率は上昇し、生産拠点、市場としての中国の重要性は高まっている。

自由貿易主義の原点に戻れ

米中対立は、単なる貿易摩擦から、ハイテク分野での覇権争いに進んでいる。

しかし、中国の輸出管理法が特殊というわけではない。日本をはじめとする主要国では、輸出管理のための法体系をすでに整備している。

ただし、各国が輸出管理を行なうのは、国際社会の安全性を脅かす国家やテロリストなどに、武器や軍事転用可能な製品が渡ることを防ぐためだ。そして、それを国際的な枠組みの下で抑制的に運用している。

日本も、大量破壊兵器や通常兵器の開発・製造に関連する資機材などの輸出や、これらの関連技術の非居住者への提供について、外国為替及び外国貿易法に基づき、必要最小限の管理を実施している。

これに対して、中国の輸出管理法は、前記のような目的だけでなく、自国の安全保障と利益を独自に守ることを目的としている。こうした手段を乱用すれば、自由貿易の原則は著しく損なわれるだろう。

ただし、このような輸出管理を行なうのも、中国が初めてというわけではない。トランプ前大統領が「安全保障」を理由に中国制裁のために輸出管理規則を運用したことが始まりだ。

そして、「安全保障」という理由が名目上のものになって、規律が失われつつある面がある。本章の1で述べたように、トランプ政権は2020年12月に、中国の半導体ファウンドリ、SMICに対する制裁を発動したが、この措置をアメリカの安全保障の点から正当化できるかどうか、大いに疑問だ。だから、アメリカ側も現在の政策を見直す必要がある。

国際的な経済取引では何をしてもよいわけでない。自由貿易の原則がある。そのことによって、あらゆる国が利益を得る。中国が成長したのも、国を開いたからだ。この原点に戻ることが必要だ。

こうした議論には、「書生論」「現実世界はそんなに簡単なものではない」という反論が返ってきそうだ。しかし、米中摩擦で最も重要なのは、原点を忘れないことなのだ。

第4章のまとめ

・在宅勤務の広がりや自動車需要の回復によって、半導体不足が起こった。それに拍車をかけたのが、アメリカ政府による中国企業への制裁措置だ。その結果、半導体の生産が台湾に集中して、需要に追いつかなくなった。こうした事態に対応して、半導体生産をアメリカ国内に移転する動きが生じている。しかし、それは、生産コストを引き上げ、消費者の負担を増すだろう。

・中国がアメリカの制裁措置への対抗手段として輸出管理法を制定した。日本企業は、これによってレアアース輸出が制限されることを危惧している。しかし、２０１０年代のレアアース輸出制限では、日本の対抗措置によって中国は自らの首を絞めた。

また、中国はデータ安全法によってデータの持ち出しも規制しようとしている。

・米中経済摩擦の影響で、中国での生産に支障が起きたり、生産拠点を移転するなどのニュースが報じられている。日本政府も生産拠点の国内回帰を呼び掛けている。しかし、アンケート調査でも、海外事業を拡大する国として中国はトップだ。対中依存は今後むしろ強まるだろう。こうした状況で必要なのは、自由貿易主義の原点に立ち戻ることだ。

第5章

最先端技術で中国は
アメリカを凌駕しつつあるのか？

1

中国科学技術の強さは人材・資源の国家プロジェクトへの集中

中国がコロナワクチン開発に成功

中国はコロナウイルスに対するワクチンの自国開発に成功した。日本などの先進国では、中国製ワクチンに対して懐疑的な見方が強い。確かに有効性は低いようだ。

しかし、途上国の多くは先進国製の高価なワクチンを買えないので、低価格か無償で提供される中国ワクチンに頼らざるをえない。だから、中国のワクチンを認可し、輸入・接種する国が増えている。

中国はこれを外交の手段として使っている。採算を度外視し、政治優先で外国に供給しているのだ。インドネシア、トルコ、パラグアイ、ブラジル、セーシェル、インドネシアなどに、すでに大量のワクチンを出荷した。

火星着陸にも成功

中国は宇宙開発でも目覚ましい成果を上げている。2021年5月15日に、中国の無人火星探査機「天問1号」の着陸機が火星に着陸した。火星への着陸は、旧ソ連とアメリカに次いで3カ国目だ。さらに、火星探査車「祝融」を火星の表面に送り込むのに成功した。火星の表面で探査車を移動させた国は、アメリカに続いて2番目だ。

地球からの距離が遠いために通信に時間がかかり、大気の薄い火星への着陸は技術的に難しく、これまでいくつもの国が失敗している。今回の着陸成功で、中国は高い宇宙技術を持っていることを示した。

中国は「宇宙強国」を国家目標として掲げている。宇宙を舞台とした米中間の競争が今後激しくなるだろう。

20年12月には、月面無人探査機「嫦娥《じょうが》5号」が米ソに続いて3カ国目となる月の土壌の持ち帰りに成功した。また、22年に宇宙ステーションを完成させる予定で、中核部分となる「天和」の打ち上げにも成功した。

中国は科学技術でアメリカを凌駕しつつあるのか？

このように、科学技術面での中国の躍進ぶりが目立つ。米中経済戦争の帰結を最終的に決めるのは、両国の技術であり技術開発力の高さだ。では、以上で見たことは、中国がアメリカを凌駕《りょうが》しつつあることを示すのだろうか?

そうは考えられない。その理由を以下に述べよう。

まず、中国がアメリカを抜いたのかというと、そんなことはない。依然として大きな差がある。ワクチン開発について見れば、アメリカでも成功した。そしてアメリカ製のほうが信頼度が高い。火星探査機の着陸も、アメリカはすでに1976年に成功している(バイキング1号)。

本章の2で見るように、大学も、エンジニアリング以外の分野では、リスト上位に登場するのはアメリカの大学のほうがずっと多い。また、大学進学率でも、アメリカの88%に比べて中国は54%であり、アメリカのほうがずっと高くなっている(なお日本は64%で、中国との差が縮まっている)。

こうしたことを見ると、特定の分野は別として、科学技術全般について中国がアメリカを抜いたとはとても言えない。

多大の資源を国家の力で総動員できる

中国の優位性は、その量的巨大さにある。研究者や論文数も、人口あたりで見ればアメリカよりも少ない。しかし、人口が多いために、総数としてはアメリカより多くなるのだ。それを強力な共産党独裁の下で、国家プロジェクトに集中できる。

だから、中国はワクチン開発や宇宙開発のような国家的プロジェクトに豊富な人材と資金を投入し、「挙国体制」で研究開発に邁進《まいしん》し、大きな成果を上げられるのだ。ただし、つぎの2点に注意が必要だ。

第1に、中国の技術のすべてをこのような観点から捉えられるわけではない。例外もある。

とくに、eコマースや電子マネーなど、民間部門が担当したものがそうだ。

本章の3で見るように、中国にも「ユニコーン企業」と呼ばれる企業が数多く誕生している（「ユニコーン企業」とは、企業評価額が10億ドルを超える非上場のベンチャー企業）。これらは、民間の企業だ。そして、ハイテク分野の発展に重要な役割を果たしている。

第2に、右に述べたことは、中国の成果が見掛け倒しだということではない。そうではなく、中国の経済成長に伴って、中国が動員できる資源の総量が増大しているのが大きな問題であることを意味する。

まず軍事力。これはまさに総量そのものだ。

もう一つの例として、人材招致プロジェクト「千人計画」がある。これは、海外から優秀な研究者を中国に集めるプロジェクトだ。2008年から実施されており、このプロジェクトによって中国に招致された外国人研究者は、18年までに7000人を超えると言われる。

アメリカ司法省は「機微な情報を盗み、輸出管理に違反することに報酬を与えてきた」として、監視や規制、技術流出防止策を強化している。日本人も、少なくとも44人の研究者が関与していた。多額の研究費などが保証され、研究環境が日本より魅力的だからだ。中国の所得水準が今後さらに上昇すれば、研究者以外にもさまざまな分野で人材が中国に吸い上げられる可能性がある。

2 大学ランキングでも米中戦争の時代になった

躍進著しい中国の大学

大学の質は、その国の将来を占う上で重要な意味を持っている。大学は、人材を育成し、将来の経済活動の基礎になる技術開発のための研究を行なっているからだ。

２０２１年６月、イギリスの大学評価機関「クアクアレリ・シモンズ社（ＱＳ）」は、世界大学ランキングの22年版を公開した。

世界のトップ20校を見ると、アメリカが9校だ。MIT（マサチューセッツ工科大学）が9年連続で世界一。中国は、清華大学、北京大学の2校が入っている。両校はコロンビア大学やプリンストン大学を上回った。

米中2国だけでトップ20校のうち11校と過半を占めるのだから、大学においても「米中戦争」が繰り広げられていることになる。

もっとも、シンガポールのシンガポール国立大学と南洋理工大学が、中国の両大学より上位にある。また、中国2校に対してアメリカが9校だから、アメリカが断然強い。

だが「成長率」で見れば、中国だ。実際、16年版を見ると、トップ20校のうち、アメリカが10校で中国はゼロだった。わずか6年前と様変わりだ。中国が急速に追い上げていることが分かる。

このペースが続くと、上位に入る中国大学の数は今後さらに増えていく可能性が高い。中国は人口が多いのだから、トップ20の大半は中国ということになっても、少しも不思議はない。

05年、私はスタンフォード大学の客員教授をしていた。中国からの極めて優秀な留学生が何人もいるのに驚いた。彼らは「バーリンホウ」と呼ばれる1980年代に生まれた世代だ。この世代が活躍する20年後には大変なことになると思っていたが、それが現実化しつつある。

THEランキングでも清華大学がトップ20入り

大学ランキングとしては、ほかにもいくつかのものが作成されている。よく引用されるのが、THE（Times Higher Education：イギリスのタイムズが発行している高等教育情報誌）のランキングだ。

２０２１年９月に公表された22年版を見ると、世界のトップ20校のうち、アメリカが14校で、中国が２校（清華大学と北京大学）となっている。15年には北京大学が42位、清華大学が47位だったので、順位を大きく上げている。

ＴＨＥの評価基準では、英米大学の評点が高くなるバイアスがある。中国の大学の場合、留学生や外国人教員の数が少ないため、「国際化」の評価が低くなるのだ。それでも、中国の大学が上位を占めるようになった。

工学部では中国がアメリカを圧倒

しばしば引用されるもう一つが、ＵＳニューズ・アンド・ワールド・レポートのランキングだ。

世界のトップ20大学を見ると、アメリカが15校で、中国はゼロとなっている。しかし、工学部（Engineering）だと、アメリカの5校に対して中国が7校と、逆転してしまうのだ。清華大学が第1位で、第2位のMITを抜いている。

さらに「機械工学」に絞ると、中国が14校（清華大学が世界一）もあるのに対して、アメリカは2校しかない。「電気・電子工学」では、中国が14校（清華大学が世界一）で、アメリカはわずか1校だ。

こうしたデータを見ると、各国でどのような人材が育成されているかがよく分かる。

半導体の米国生産は無理な話

もともと、欧米の伝統的な大学では、エンジニアリングのような実用的学問は大学が行なうものではないという考えが強かった。実際、前記の工学部関係のアメリカの大学の中には、いわゆるアイビーリーグの大学は入っていない。そもそも、工学部という学部が存在しない場合が多いのだ。

それに対して、中国では産学連携が奨励されている。中国の大学からは、「校弁企業」と言われるベンチャーが多数生まれている。

工学部で世界トップに入るアメリカの大学がほとんどないことを見ると、アメリカはすでに「製造」という分野からは撤退してしまっていることがよく分かる。「製造業」から撤退したわけではない。アップルのように、工場を持たない製造業（ファブレス製造業）に変身したのだ。

だから、トランプ前大統領のように、旧来型の製造業をラストベルトに復活させようとしても、労働者は集められるかもしれないが、技術者は集められない。もともと無理な話だ。

最近では、半導体不足に対応するために半導体の生産をアメリカに戻そうとする考えがあるが、これがいかに愚かな考えかが分かる。

過去のしがらみに束縛されない中国の大学

大学という組織はなかなか変わりにくい。アメリカの場合でもそうだ。伝統的な大学に工学部がないこと、多くの大学で大学院より学部が強いこと、等々だ。専門が分かれるのは大学院レベルになってからだが、伝統的な大学ではロースクールと医学部が強い。また、ビジネススクールが強い。

こうしたことが時代の要請に合っていればよいが、そうでないと、大学は「過去のしがらみ」から脱却できず、時代の変化についていけないことになる。

中国の場合、文化大革命で、従来の高等教育のシステムは完全に破壊された。とくに、紅衛兵の拠点になった清華大学がそうだ。だから、「過去のしがらみ」に束縛されない状態が実現したと考えられる。

そして、アメリカに留学して帰ってきた優秀な人材が、新しい分野を自由に始めることができたのだと想像される。こうして、スタッフの若返りと新陳代謝が起きたのだ。

論文数で世界一に

文部科学省科学技術・学術政策研究所が2021年8月に公表した報告書「科学技術指標2021」によると、注目論文の国別の世界シェアで、中国が24・8%となり、初めてアメリカを逆転して世界一になった。アメリカは22・9%で、米中で世界の50%近くを占めた。日本は2・3%にとどまった（世界第10位）。

20年における研究者数は中国が211万人で、アメリカの156万人より多く、世界一だ。日本（68万人）、ドイツ（45万人）、韓国（43万人）などよりずっと多い。

19年における研究開発費総額は、アメリカが68兆円、中国が55兆円で、日本（18兆円）、ドイツ（15兆円）、韓国（11兆円）を大きく引き離している。

中国の若者の夢はアメリカに留学すること

工学部や論文数で中国の大学の躍進ぶりが目覚ましいが、高等教育を一般的に捉えれば、アメリカのほうがはるかに優れている。これは、留学生の動向を見れば分かる。

現在約530万人いる世界の留学生総数のうち、中国人留学生は約160万人を占める。留学先として最も人気が高いのはアメリカだ。その結果、アメリカで学ぶ留学生のうち、中国人は約3割を占め、国別で最も多くなっている。

このように、アメリカに留学することは、中国の若者たちにとって大きな夢なのだ。しかも、学位取得後も中国に戻らず、アメリカで職を得たいと考える人たちが多い。これらの人たちに対してH－1Bという就労ビザが支給されてきた。

このような中国人は、アメリカの技術開発（とくにIT革命）に大きな貢献をした。つまり、中国の若者にとっての夢は、中国を脱出してアメリカで働くことであったわけだ。

中国の経済発展に伴って中国国内での就職機会が増え、この傾向は変化しつつあると言われていた。しかし、アメリカに留学したいという望みを持つ中国人は依然として多い。

ところが、最大の留学先であるアメリカの門が狭くなってきている。留学ビザの取得件数は2020年4~9月に前年同期比で99%減った。米中対立を受けた留学ビザの審査厳格化に、コロナ禍が重なったからだ。

立ち遅れが目立つ日本の大学

これまで見てきたトップ20には、残念ながら、日本の大学は登場しない。

日本では、大学における過去のしがらみが極めて強い。若手研究者は何年も教授の手伝いをする。そして、教授がやっていたことをそのまま受け継いで大学に残すことを使命とする。独立して自分の研究室を持ち、新しい分野を開拓することなど、思いもよらない。

これでは、時代の変化に対応していくことはできない。日本の技術がデジタル時代に対応できない基本的な理由も、こうしたことに見いだされる。

高度成長期には、日本の大学は大きく拡張し、新学部や新学科がつくられた。そして、工学部が存在していたことが経済の発展に大きく貢献した。こうした事情が1980年代頃までの日本の躍進の背後にあった。

最近では、大学の拡張は不可能になった。研究費は年々減らされる。若い研究者は大学に残ることができず、企業に就職するか、海外の大学に行くかしかない。中国の人材招致プロジェクト「千人計画」が日本でも問題視されている。

よほどしっかりした対策を講じないと、日本の劣化がますます進んでしまう。

3 ユニコーン企業も米中に集中

ユニコーン企業でも米中経済戦争

ユニコーン企業とは、評価額が10億ドル以上の非上場のベンチャー企業のことだ。新しい技術を活用して高い成長率を実現しているので、これからの経済を見通す上で重要な意味を持っている。

アメリカの調査会社CBインサイツが発表した「世界ユニコーンランキング」（２０２０年６月）によると、現在、世界には５００社以上のユニコーン企業が存在する。

国別に見ると、１位はアメリカ１５１社、２位は中国82社、３位はイギリス16社、４位はインド13社となっており、アメリカと中国だけで全体の約８割を占めている。

19年８月では、世界のユニコーン企業は３９３社で、アメリカが全体の49％、中国が24％だった。これで全体の73％を占めていた。これと比較して、20年には米中の比率は上がっている。ここでも米中経済戦争が生じているわけだ。

ユニコーン企業については、ほかにもいくつかの調査がある。そのうちの一つ、胡潤研究院が公開した「2019年胡潤グローバルユニコーン企業ランキング」によると、ユニコーン企業は世界に494社あり、国別では中国がアメリカを抜き、世界で最大のユニコーン大国になった。

特色ある中国のユニコーン企業

米中におけるトップ5のユニコーン企業は、日本でもよく知られている。

中でも注目すべきは、中国第1位の「バイトダンス（字節跳動）」だ。2012年に設立された。同社が提供する動画アプリ「TikTok」は、全世界の10～20代の若者に熱狂的に支持され、世界100カ国以上でサービスを展開している。中国国内では1日のユーザー数が6億人を超えており、中国のネットユーザーのほぼ半数が毎日利用している。アメリカの若者の間でも人気で、利用者も1億人を超えている。

TikTokが受け入れられる背景には、高度の技術がある。AIの機械学習を用いて、ユーザーが最も興味を持っているコンテンツを提供するのだ。

中国には、人工知能（AI）の分野にも多くのユニコーンがある。よく知られているものとして、メグビー・テクノロジー（Megvii：曠視科技）、センスタイム（SenseTime）、ディープブルーテクノロジー（DeepBlue Technology：深蘭科技）がある。

日本にはない「スタートアップ・エコシステム」が中国には形成された

ユニコーン企業が誕生するためには、優秀な人材と豊富な資金が必要だ。それらが有機的にうまく結びつく必要がある。

アメリカ・カリフォルニア州のシリコンバレーは、このための条件を満たしていた。ここには、スタンフォード大学を核として、ＩＴ関連の高度専門家が集まっていた。そして、ベンチャーキャピタルが存在した。これらがうまく結びつくことによって、多数のスタートアップ企業が生まれ、ＩＴ革命を実現した。こうした環境は、しばしば「スタートアップ・エコシステム」と呼ばれる。日本でユニコーン企業が生まれにくいのは、このようなエコシステムが日本には形成されていないからだ。

ところが、中国ではそれが形成された。中国でユニコーン企業が多い基本的な理由は、ここにある。

「スタートアップ・エコシステム」がアメリカに生まれたことは理解できる。しかし、中国でこうしたことが可能になったのは驚きだ。

まず、清華大学や北京大学をはじめとする大学に、優秀な人材が集積している。さらに、

「海亀族」と呼ばれる海外留学からの帰国者がいる。２００1年には1・2万人程度だったが、10年には13・5万人、16年には43万人にまで増加した。

彼らの活躍によって中国が発展し、待遇が向上するので、吸引力がさらに強まる。こうして、好循環が起きている。彼らの留学先の多くはアメリカの大学だ。その意味では、中国フィンテック企業の生みの親はアメリカだとも言える。

また、中国のスタートアップ企業には、豊富な資金が流れ込んでいる。アクセンチュアの最新調査によると、18年のフィンテックベンチャー企業への投資額は全世界で前年比2倍以上の553億ドルに達した。そのうち、中国における投資額が前年比約9倍の255億ドルとなり、フィンテック投資総額のうち46%を占めた。

米中経済摩擦のあおり——バイトダンス買収問題

米中経済摩擦は、すでにユニコーン企業にも影響を与えている。

バイトダンスについて、米議会は「利用者のメッセージや位置情報データを中国政府に渡す恐れがある」との理由で警戒し続けていた。TikTokを使用することによって個人情報が流出するのではないかと危惧するトランプ前大統領は、アメリカ国内から排除する方針を打ち出した。そして、２０２０年8月にバイトダンスとの国内取引を禁止する大統領令を発表した。

これを受けて、まずマイクロソフトが同社のアメリカ国内事業の買収に名乗りを上げた。それが挫折したあと、9月にはIT大手オラクルと小売り大手ウォルマートによる買収案がつくられ、トランプ大統領が原則承認した。

しかし、結局のところ、売買契約はキャンセルされた。この事件はトランプが起こした茶番劇だったのかもしれない。しかし、今後、米中経済摩擦が激化すれば、同様の問題が起きる可能性は十分ある。

なお、21年5月20日、バイトダンス創業者の張一鳴《ちょういちめい》氏が最高経営責任者（CEO）から退任するとの発表があった。中国では、アリババ集団など巨大IT企業の創業者退任が相次いでいる。急成長してきた中国のIT業界に地殻変動が起きているのかもしれない。これについては第6章で述べる。

4 中国の特異な社会体制がAIの発達に有利

交通違反者をさらしものにする「交通違反者暴露台」

中国には「交通違反者暴露台」と呼ばれるものがある。赤信号を無視して交差点に進入するバイクなどがあると、交差点にある巨大なモニターに運転者の写真がクローズアップで映し出される。それとともに、名前と身分証番号の一部も表示される。つまり、違反者のプライバシーが丸裸にされて街中に公開されるわけだ。

これを設置しているのは地元の警察だ。信号無視などの交通違反がひどく、事故が減らないので、交通ルールを守らせるために設置している。

顔認証機能を持つ監視カメラが24時間路上を監視し、交通違反をした歩行者や自転車、バイク、自動車などを検出。画像の顔写真と当局が保有する個人データをAIが照らし合わせて本人を特定する。モニターに表示するまでに数分しかかからないという。違反者には後日、警察から呼び出しがあり、罰金が命じられる。警察に顔写真を提供したわけでもないのに、監視カメラで本人が特定され、そして個人情報が紐付けされるのだ。この仕組みは、上海、南京などの大都市でも導入され、成果を上げているという。

重要なのは、これに対する市民の反応だ。「信号無視で急に飛び出してくる自転車や歩行者がこれまで多かったが、このシステムのおかげで減り、安心して運転できるようになった。だから大賛成」という意見が多いようなのだ。

6万人の中から1人の指名手配犯を逮捕

ＡＩの威力を示すもう一つの例は、２０１８年4月13日に起きた逮捕劇だ。江西省《こうせい》南昌《なんしょう》市で開かれた香港の人気歌手ジャッキー・チュンのコンサート会場で、来場した6万人の中から、警察官が１人の指名手配犯を特定し逮捕した。

入り口に顔認証技術を搭載したいくつものカメラが設置されている。そこに映った来場者の顔の画像と、警察の容疑者データベースの画像をＡＩが照合し、特徴が一致する男を割り出したのだ。

警察官が用いる顔認証カメラ付きのサングラスというものもある。これを装着して相手の顔を見ると、警察のデータベースと照合され、容疑者の特徴とどの程度一致するかの情報が目の前に映し出される。識別にかかる時間は、わずか10分の１秒ほどだ。

春節（旧正月）の大型連休中、1日10万人以上が利用する鄭《てい》州《しゅう》駅で、このサングラスを装着した警察官が警備に当たったところ、逃走中の人身売買やひき逃げの容疑者7人と偽身分証を所持していた26人を発見し、逮捕した。

深圳《しんせん》市の鉄道警察は、ＡＩ搭載の巡視ロボット「タンク」と「戦狼」を導入した。タンクは最新の捕獲網を搭載し、10メートル以内の対象者を捕まえられる。

このように、日本や欧米諸国では導入などおよそ考えられないものが、中国では受け入れられている。中国国内で稼働している監視カメラは2億台を超えると言われる。このため、データの入手も進み、さらにＡＩの能力が上がる。

公安部門に画像認識技術を提供しているメグビー・テクノロジー（曠視科技）は、これまでに同社の技術を使って５０００件以上の犯罪の解決と、1万人以上の指名手配犯の検挙に貢献したという。

新疆ウイグル自治区には、大量の監視プラットフォームが配

【キーワード】AI、機械学習、顔認証

従来のコンピュータでは、データ処理の方法を一段階ずつプログラムで指示する必要があった。ところが、最近では、そうした手続きの一部分をコンピュータがデータから学習して、自動的に行なえるようになった。これが「機械学習」だ。そのためには、膨大な量のデータ（ビッグデータ）が必要になる。

これによって「パタン認識」が可能になった。これは、図形や自然言語などを理解することだ。その一つの応用として顔認証がある。

備されている。危険な人物を特定し、問題を起こすのに先んじて拘束するためだ。

国際人権組織ヒューマン・ライツ・ウォッチ（ＨＲＷ）によると、この「予測による治安維持」プラットフォームは、監視カメラの映像や通話・旅行記録から、当局が宗教的志向などを分析し、危険人物を特定している。

中国で医療へのAI導入が進む

中国における個人生活とＡＩの関わりは、以上のようなものばかりではない。医療へのＡＩ導入に関しても、中国は世界水準よりはるかに進んでいる。

テンセントの「ウィードクター（WeDoctor）」が開発した診断ＡＩは、農村部の医療で使われるようになっている。

また、アイカーボンクス（iCarbonX）という企業がある。これは、遺伝子配列を解明し、ＡＩとビッグデータを使って医療に革命をもたらそうとする企業だ。同社は１００万人の遺伝子データを集めることによって、遺伝子解析による医療を推し進める。具体的には、被験者の血液を採取し、血中内のタンパク質の変化や新陳代謝の様子を測定する。さらに、ウェアラブル端末で被験者の血糖値をモニタリングしたり、尿や便からも特定の成分を調べたりする。生体検査と遺伝子解析を組み合わせることによって、がんなどの病気の原因を特定しようというのだ。

ここでも、中国社会の特殊性が反映している。まず、これまで医療が充実しておらず、医療ニーズが高い。

また、中国においては、個人情報を保護する制度が不十分であり、企業や政府は比較的自由に個人情報を利用することができる。少なくとも、あらゆる個人情報の取得にいちいち同意を得る必要はない。このため、前記のような応用が可能になるのだ。

中国のＡＩ覇権に対するアメリカの危機感

ＡＩ分野での中国の躍進ぶりに対してアメリカが抱く危機感は極めて強い。

なぜアメリカは、中国のＡＩに神経をとがらせるのか？　その理由は、これまで見てきたように、中国社会の特殊性がＡＩの発展に有利に作用しているからだ。

ＡＩは、ビッグデータを用いる機械学習によって能力を高める。したがって、データが入手しやすいほど、ＡＩの能力が高まる。

アメリカをはじめとする民主主義国家では、個人情報の収集や利用に厳しい制約がある。ところが、中国ではそうした制約が弱い。国民が個人情報の保護に先進国ほど敏感でないため、ＡＩの進歩にとって有利な社会構造になっているのである。

そして、もちろん、ＡＩは未来産業の中核技術だ。例えば、自動車産業では、ＡＩによる自動運転が今後の中核技術になる。

さらに、軍事面での応用がある。とくに、ドローンのスウォーム攻撃（群れによる攻撃）だ。これについては本章の５で述べる。

「スプートニクショック」を超える事態

米人工知能国家安全保障委員会が２０２１年３月に発表した報告書は、アメリカがＡＩ分野における支配的な地位を中国に奪われる危機に瀕《ひん》しているとした。同委員会の委員長は、グーグルの元ＣＥＯエリック・シュミット氏。同氏は以前から、ＡＩ分野での中国の躍進に警鐘を鳴らしていた。

報告書は「第２次世界大戦後初めて、アメリカの経済力と軍事力を支える技術的な優位性が危機に瀕している」とし、「中国は、今後10年のうちに、ＡＩ分野で世界のリーダーとして、権力、人材、野心を保有し、アメリカを超える」とした。そして、日本を含む同盟・連携関係を持つ諸国との再編が必要だとした。

「第２次世界大戦後初めて」というのだから、１９５７年の「スプートニクショック」を超える事態だということになる。

エリック氏の危惧は、つぎのようなデータによっても裏付けられる。
世界最高のＡＩの国際会議「NeurIPS」での発表状況（２０１９年）で、中国出身者の割合が29％で首位となり、アメリカの20％を上回った（日本経済新聞、21年８月８日）。同記事によると、学術誌に載るＡＩ関連の論文の引用実績で、中国は20年にアメリカを初めて逆転した。
また、ＡＩ論文の数は、12年以降、中国が24万本とアメリカの15万本を圧倒する。

アメリカが中国ＡＩ企業に制裁措置

政府の支援が重要な役割を果たす宇宙航空部門と異なり、中国のＡＩ部門では、民間企業が主導権をとっている。ところが、米中対立により、これらの企業の運営に暗雲が垂れ込めている。

２０１９年10月、米商務省は中国企業８社を制裁リスト（エンティティー・リスト）に追加し、同国のＡＩ開発を直接の標的とした。対象企業には、音声認識や顔認識、自動運転、監視技術などのＡＩの中核分野で最先端を行く企業が含まれる。

制裁リストに追加されたのは、音声認識技術のアイフライテック（iFLYTEK：科大訊飛）、監視システムのハイクビジョン（杭州海康威視数字技術）、顔認証技術のセンスタイム・グループ（商湯科技開発有限公司）、メグビー（曠視科技）、都市開発やヘルスケア関連のＡＩ応用技術のイートゥ（YITU：依図科技）の5社だ。

対象企業は、重要な部品の入手や米企業との関係を脅かされる恐れがある。とくに半導体では、高度なアメリカ製品に対する依存が大きいため、先端研究が停滞しかねない。

米エヌビディアが手掛ける高度な画像処理半導体（ＧＰＵ）もその一つだ。ＧＰＵはＡＩプログラムのアルゴリズムに投入する膨大なデータの処理に使われる。エヌビディアは同分野の先駆者であり、ほかに代替企業がない。

センスタイムは、顔認証などのソフトウエアを開発している。同社はエヌビディアの半導体なしにこれほどの急成長を遂げることはできなかったとされる。

中国ＡＩ企業のＩＰＯが難航

前記の制裁措置は、中国ＡＩ企業のＩＰＯ（新規株式公開）にとって障害になってきたようだ。

メグビーは、２０１９年8月に香港証券取引所への上場を申請した。しかし、難航し、のちにそれを取り下げた。そして、21年1月に上海証券取引所のハイテク企業向け市場「スターマーケット（科創板）」への上場計画を発表したが、これも難航しているようだ。

センスタイムも、香港証券取引所と中国本土での重複上場に向けて活動を開始した。21年下半期に上場申請書を提出する計画だというが、どうなるか、いまのところ分からない。

こうしたことになるのは、前記のエンティティー・リストに追加された影響で、利益が伸び悩むのではないかとの投資家の不安があるからだと言われる。

このように、米中間のＡＩ戦争はすでに現実のものとなっているのだ。

アメリカは多様社会の優位性を技術開発で証明できるか？

情報技術の場合には、創造性がとりわけ重要な意味を持つ。創造活動にとって、多様性は本質的に重要だ。実際、ＰＣもインターネットも、そしてＡＩも、アメリカ社会の多様性の中から生み出されたものである。共産党独裁政権に支配されている中国社会で生まれたものではない。

真に革新的な発明は、全体主義国家や大企業からは出てこない。多くの独創的なアイデアや発明は、社会の大勢とは異質の部分から出てくるのだ。だから、新しい発想のためには、個人の権利の尊重や社会の多様性が必要である。

個人情報の乱用を避けつつ、アメリカがＡＩの開発で中国より優位に立つためには、前記のような制裁措置を発動するのではなく、アメリカ社会の持つ多様性を活用する必要がある。

アメリカは、社会の多様性を維持し、それが技術の新しい発展のために不可欠であることを実績で示す必要がある。

中国は、生み出された技術を進歩させることには優れているかもしれない。しかし、まったく新しいことを生み出す力があるかどうかは疑問だ。

この問題がこれからどのように進展していくか、現時点で正確に見通すことは難しい。ただし、多様性を許容しない中国社会が、どこかで本質的な限界に直面する可能性は大いにある。

5　AIによる軍事革命

台湾海峡ミサイル危機で示された空母の力

台湾海峡では、何度も緊張した事態が生じている。最近のものは、1995年から96年にかけての「台湾海峡ミサイル危機」(第3次台湾海峡危機)だ。96年の中華民国総統選挙で台湾独立志向の李登輝《りとうき》優勢の観測が流れると、中国人民解放軍は軍事演習を強行した。

台湾海峡にミサイルを撃ち込むなどの威嚇行為を行ない、台湾周辺では一気に緊張が高まった。人民解放軍副総参謀長の熊光楷《ゆうこうかい》中将は、アメリカ国防総省チャールズ・フリーマン国防次官補に「台湾問題にアメリカ軍が介入した場合には、中国はアメリカ西海岸に核兵器を撃ち込む」と述べ、アメリカ軍の介入を強く牽制した。

アメリカ海軍はこれに対して、台湾海峡に太平洋艦隊の通常動力空母「インデペンデンス」とイージス巡洋艦「バンカー・ヒル」などからなる空母打撃群を派遣し、さらにペルシャ湾に展開していた原子力空母「ニミッツ」とその護衛艦隊を派遣した。

中国はこれに対してなすすべもなく、軍事演習の延長を見送った。そして、李登輝は地滑り的な当選を果たした。これは中国にとって大きな屈辱であっただろう。その後、人民解放軍は軍の近代化を加速させた。

高価な空母をドローンが攻撃できる

ところが、空母に問題がないわけではない。なぜなら、空母機動部隊は、建造費や維持費が膨大だからだ。2017年に就役した最新鋭原子力空母「フォード」の建造費は、130億ドル（約1兆4000億円）にのぼる。搭載航空機であるF-35Cは、1機100億円を超えるので、それを含めると、空母1隻の価格は2兆円を超す。

第3次台湾海峡危機は、そのような高価な兵器がそれを正当化できる価値を持つことを示した例だった。

しかし、最近になって、それに疑問を抱かせるような事態が進展している。ＡＩ（人工知能）の発達によって軍事技術が大きく変わり、米中間の軍事バランスに本質的変化が生じ始めているのだ。

具体的には、ドローンのスウォーム攻撃（群れによる攻撃）が可能になりつつあることだ。これまでのドローン攻撃では、遠隔操作する操縦士が、標的の攻撃判断などをカメラ越しに行なっていた。しかし、スウォーム攻撃ではあらかじめ標的をＧＰＳや画像などで設定したり、ＡＩによって標的を識別したりする。ドローンは設定された標的に向けて自律飛行し、人間の手を介さずに群れで襲い掛かる。中国では、攻撃を任務とする無人機部隊が創設され、低コストのＵＡＶ（無人航空機）を多数使用して運用するスウォーム技術の向上をめざしていると伝えられる。

ミサイルは一発当たり数億～数十億円だ。それに対してドローンは数十万～数百万円で製造が可能だ。したがって大量のドローンがイナゴの群れのように襲いかかることができる。

ドローンの破壊力は限定的なので、空母を沈没させることはできないだろう。しかし、甲板に穴を開けたり、推進器を損傷させたりすれば、任務が不可能な状態となる。そうなれば、空母は、イソップ物語の「熊と蜂」の話の熊のように、命からがら逃げ出すことになりかねない。

もちろん、電子攻撃によってドローンをコントロール不能状態にすることや、レーザーなどによって破壊する方法も検討されている。ただし、ドローンの数が多ければ対処しきれない。実際、19年9月に、対空システムのあるサウジアラビアの油田が、巡航ミサイルとドローンのスウォームによるハイブリッド攻撃で破壊されるという事件が起きている。

高価で強力な武器が強いのか、それとも安価で大量に使える武器が強いのか？　歴史は、この二つの間で振動を繰り返してきた。

第2次世界大戦後、振り子は「高価で強力な兵器体系」に傾いた。その一つが核兵器だ。いま一つが空母打撃群だったのだ。それが、ドローンの進歩によって、再び「安価で大量の武器」に傾くかもしれない。

人民解放軍は智能化戦争への適応を進めている

中国人民解放軍は、２０１９年7月に公表した国防白書において、「情報化戦争への変化が加速し、智能化戦争が初めて姿を現している」とした。智能化戦争とは、ＡＩと無人機システム（ロボット、無人飛行機、無人水上・水中船など）の合体であり、この革命によって戦争の様相は激変する。人民解放軍は、ＡＩを軍事のあらゆる分野に取り込み、軍事分野における革命である「ＡＩ軍事革命」を達成しようとしている。

この基盤として、習近平政権は、15年から「軍民融合発展戦略」を国家戦略として進めている。バイドゥ、アリババ、テンセントなど中国の巨大IT企業は、AIの多くの分野（機械学習、言語処理、視覚認識、音声認識など）で長足の進歩を果たしている。こうした民間のAI技術を軍事転用し、「AIによる軍事革命」を実現しようとしているのだ。

中国は、多額のAI予算、アクセスできるビッグデータの存在、最も優秀な人材を集め教育する能力などにより、AI分野でアメリカを追い越そうとしている。アメリカが「世界における軍事的、政治的、経済的パワーとして揺るぎない地位」にあった状況は、変わりつつある。

第5章のまとめ

- コロナワクチンの開発、火星着陸機の成功など、最先端技術での中国の躍進が目覚ましい。しかし、よく見れば、アメリカとの間にはまだ大きな差がある。中国の優位性は、その量的巨大さを国家プロジェクトに集中できることだ。
- 世界の大学ランキングで、中国の大学の躍進ぶりが目覚ましい。これまでトップを独占していたアメリカの大学と肩を並べるまでになってきた。論文数や研究者数でも世界一になっている。

工学部関係を見ると、ランキングのトップを中国の大学が独占している。アメリカの大学は見る影もない。アメリカは「製造」から撤退してしまっていることがよく分かる。半導体生産をアメリカに戻そうというのは無理な話だ。

・ユニコーン企業が米中に集中している。アメリカのシリコンバレーには、ユニコーンが誕生し成長するための環境（エコシステム）が自然形成され、それがIT革命を生み出した。同じ仕組みが、共産党独裁下の中国で形成された。そこで重要な役割を果たしたのはアメリカ留学からの帰国者だ。しかし、米中経済摩擦がユニコーン企業にも影を落とし始めている。

・中国ではプライバシーについての国民意識が高くないので、AI（人工知能）の機械学習のためのデータを集めやすいし、治安活動でのAIの利用も進む。中国社会のこのような特殊性がAIに有利に働いている。アメリカはこうした事態に危機感を強めており、中国の先端AI企業に対する制裁措置をとっている。

・台湾海峡ではこれまでも緊張が高まったことがあるが、アメリカの圧倒的な軍事的優位性によって抑えられてきた。とりわけ重要なのが、空母打撃群の存在だ。しかし、AIの発達によって、ドローンの編隊攻撃で空母を攻撃することが可能になりつつある。中国人民解放軍は「智能化戦争」への適応を進めている。

第6章

中国金ぴか時代の終わり？

1

中国ＩＴ産業政策に地殻変動

アントの上場が突然停止に

中国の対ＩＴ企業政策に非常に大きな変化が生じつつある。それが最初に現れたのが、アリババの傘下会社で電子マネー「アリペイ」の発行主体であるアントの上場停止事件だった。

アントは２０１４年に設立されたばかりだが、その企業価値は約１５００億ドルにもなると言われていた。これは、日本の三大メガバンクの時価総額の合計より大きい。アントは20年11月に香港と上海市場に上場する計画を進めていた。これによって３４５億ドルという史上空前規模の資金が調達できると考えられていた。これは、みずほフィナンシャルグループの時価総額に相当する額だ。

ところが上場予定日直前の11月３日に、当局が突然介入し、上場が停止されてしまった。

アリババ創始者のジャック・マー氏が、当局に対して批判的なコメントをしたのが原因だったと言われた。しかしこれは、失言というような単発的事件ではないことがその後はっきりした。これは、中国共産党と民間企業の間の深い原理的対立と矛盾が表面化したものだったのだ。

共産党の逆襲

中国の改革開放政策は、鄧小平の「抓大放小（大企業は国家が掌握し、小企業は市場に任せる）」という基本方針に従って行なわれてきた。eコマースはあまり重要な産業と見なされなかったため、民間に任され、自由な経済活動が認められた。アリババやアントが急成長できたのは、規制があまり強くなかったからだ。

ところがその後、インターネットの普及に伴ってeコマースが急成長し、アリペイも極めて多数の人が使うものとなった。その利用者数は10億人を超すと言われている。

アリペイを運営しているアントは、詳細な取引データを手に入れられる。アントはこれを用いて信用スコアを作成し、それを融資の判断に使った。ここから膨大な収益が得られた。前述した巨額の企業価値は、このようにして実現したのだ。

こうした事態は、中国共産党が考えていたのとは異なる展開であった。そして、共産党は、金融や情報を国家の手に取り戻すための方策を進めてきた。規制は徐々に強化されてきたのだ。

自由な経済活動によってこそ経済が発展するのであれば、国家がすべてをコントロールするという共産党の基本的な理念に反してしまうことになる。現在のままの状況が続けば、共産党は市場経済の中に埋没してしまう。

自由な経済活動と共産党の理念は、もともと相容《あいい》れないものだ。どこかで衝突が起きるのは必然だった。アントの上場停止事件は、その最初の現れだったのだ。

2 中国共産党はIT企業規制を強める
——アリババ、ディディにも規制

圧力はアリババ本体にも及ぶ

当局の圧力は、アントに限定されず、アリババ本体にも及んできた。

アリババ集団によるネット通販セール「独身の日」が、2020年11月12日深夜0時に終了した。セール期間中の取扱高は前年比86%増の4982億元。19年の2684億元を大きく上回った。

ところが、セール終了前日の10日に、規制当局である国家市場監督管理総局が、独占的な行為を規制する新たな指針の草案を公表した。取引先の企業にライバル企業と取引しないよう「二者択一」を求めることは法律違反に当たるとしたのだ。これを受けて、11日に香港株式市場でアリババの株価は前日比9・8％安となった。

その後、アリババに対する政府の規制は現実のものとなった。アリババは21年4月10日に、独占禁止法違反で182億元という記録的な額の罰金を科された。

21年3月期の通期の売上高は7173億元で、前年同期比32％増だった。しかし、21年1～3月期は、罰金の影響で純損益は55億元の赤字に転落した。四半期ベースでの赤字は上場後初めてだ。

テンセントにも規制

中国当局の規制強化が及んでいるのは、アントやアリババだけではない。中国のハイテク企業に共通の現象だ。

テンセントが2021年5月に発表した21年1～3月期決算は、純利益が477億元で、前年同期に比べ65％増となった。アリババとは対照

【参考】人民元、ドル、円の換算レート（2021年8月、概数）

1ドル＝6.5人民元＝110円
1人民元＝0.15ドル＝17円
1円＝0.06人民元＝0.009ドル
1香港ドル（HD）＝0.13ドル＝14円

的だ。株価は2000年を通じて上昇を続け、21年2月中旬に760香港ドル程度となった。ところが、それがピークで、その後株価は下落を続け、5月末に600香港ドル程度となった。2月の高値からは2割近く低い。

好業績でも株安になるのは、中国政府の監視強化のためだ。4月末には、中国人民銀行から呼び出しを受け、金融監督を全面的に受け入れるよう指導を受けた。5月には、運営するアプリが個人情報を違法に収集しているとして、是正を命じられた。

規制強化の影響は、ほかのIT企業にも及んでいる。バイトダンス（字節跳動科技）は、中国事業の上場計画を凍結した。

ディディの株価が上場直後に暴落

規制はさらに広がった。中国の配車アプリ最大手、ディディ（DiDi：滴滴出行）の株価が、2021年7月6日、一時25％も下落した。

ディディは、6月30日に、ニューヨーク証券取引所に上場したばかりだった。時価総額は約670億ドルを超えた。これは、15年のアリババのニューヨーク証券取引所（NYSE）上場以降、中国企業として最大のIPOだった。

その直後に、株価が暴落したのだ。その後も下落が続き、6月30日の上場初日に付けた高値

（18・01ドル）からの下落率は、7月9日で実に39％にも達した。

こうした異常事態が発生したのは、中国当局がディディに対する規制を強化したためだ。中国サイバースペース管理局（ＣＡＣ）は、7月4日に、ディディが個人情報の収集と利用に関する規制に違反しているとの見解を発表した。そして、同アプリを中国のアプリストアから削除することを指示した。

この命令に伴い、人気の配車アプリ・ディディが中国のアプリストアから削除されたのだ。アプリストアから削除されたというのだから、すでにダウンロードされているアプリは使えるのだろう。しかし、このままでは、今後の利用者は増えない。命令だけでこれほど手荒なことができるとは、民主主義国家では想像もできないことだ。

中国当局は、これに先立ち、7月に入ってからディディなどＩＴ企業3社に対して、国家安全上の理由による審査に着手していた。企業が保有するデータの国境を越えた取り扱いに関する管理を厳格化し、すでに海外で上場している企業への監督も強めるとした。

そして、7月6日には、中国企業の海外上場の規制を強化すると発表した。情報セキュリティー確保の規定を見直して、企業が保有するデータの越境を厳しく監視し、中国の証券取引法を域外適用するための制度を整備するとしたのだ。

また、教育産業のエドテックは非営利への転換を求められた。

中国ＩＴ企業が海外から資金調達できず、技術開発資金が減る

中国企業は、ニューヨーク証券取引所にＩＰＯするケースが多い。これまでの10年間、アメリカのＩＰＯ市場は、中国のハイテク企業にとって魅力的な資金調達の場だった。米中対立が続いている中でも、中国企業のＩＰＯ意欲は強く、件数と調達額は過去最高ペースだった。

しかし、いま、米市場でのＩＰＯに暗雲が垂れ込めている。中国国内の規制強化であっても、ＩＴ企業にとっては重荷になるから、外国投資家が投資しにくくなる。

これまで、アリババやテンセントなどの巨大ＩＴ企業は、有望なスタートアップ企業に投資をして、その成長を助けてきた。そして、そのことが両社の時価総額を増加させてきた。こうしたプロセスによって、中国のＩＴ産業が発達してきたのだ。

しかし、株安が続くと、これができなくなる。これは、中国の技術開発に大きな影響を与える。それは、中国の長期的な観点から考えると、決して望ましいものではない。

そのことは、中国共産党としても十分認識していることだろう。したがって、今回の決定は、単なる偶発的・一時的なものではなく、周到な検討の結果行なわれたものだろう。その意味でも重要なものだ。

3
米中で対照的な株価の動向

当局による締め付け強化で中国IT企業の株価は低迷

中国巨大IT企業も、事業の内容としてはアメリカの巨大IT企業とほとんど同じことを行なっている。それにもかかわらず、最近の利益や株価の状況を見ると、両国の間に大きな差がある。

例えば、アリババとアマゾンを比較してみよう。これらは、それぞれ中国とアメリカを代表するeコマースの大手だ。ところが、2020年秋以降の両社の株価動向を見ると、極めて対照的な動きをしている。

アマゾンの株価は、20年初めには1900ドル程度であった。それから上昇を続け、20年7月終わりに3000ドルを超えた。21年4月末には3400ドルを超えた。つまり、コロナ前に比べて8割程度上昇した。第3四半期の売上高見通しが市場の予測を下回ったことから7月末に急落したが、それでも3328ドルだ。

アップルやグーグルなどIT大手を含むナスダック総合指数も、高値を続けている。巨大IT企業に対する風当たりが強まり、グーグルやフェイスブックが独占禁止法違反の疑いで提訴されていたにもかかわらず、こうなっているのだ。

他方で、アリババの株価は、20年初めには210香港ドル程度だった。そして、10月末には307・4香港ドルになった。しかし、そこをピークとして、その後は下落を続けている。21年7月末の株価は189香港ドルであり、ピーク時の6割程度になっている。

「コロナ下でIT企業の利益が増加」が常識だったのだが……

「コロナ下でIT企業の利益が増加している」。2020年の秋頃まで、これが世界の常識だった。例えば、20年9月8日付の日本経済新聞は、「世界の稼ぎ頭、激変　コロナ下でIT躍進」という記事を一面トップで報じた。そこで強調されていたのは、時価総額のランキングで、中国のアリババ集団が前年同期の43位から順位を上げて、9位に入ったということだ。

新型コロナウイルスの感染拡大によって、在宅勤務が進められたり、外出が抑制されたりした。そのため自宅で過ごす時間が多くなり、仕事、買い物、レジャーなどさまざまな活動がオンラインに移行した。だからIT企業の利益が増加したというのは、ごく自然の成り行きだ。

アメリカでも、巨大ＩＴ企業に対しては逆風が吹いている（本章の8参照）。しかし、これらのことがグーグルやフェイスブックの株価に悪影響を与えているようには見えない。巨大ＩＴ企業全般の株価も上昇を続けている。アメリカの巨大ＩＴ企業と中国の巨大ＩＴ企業は、明らかに異なる状況に直面している。

4 いま中国で起きているのは「第3次天安門事件」

巨大ＩＴ企業の力をそぐ

規制強化が中国の成長にとって大きなマイナスであることを、中国共産党は重々承知しているはずだ。それにもかかわらず、中国政府はなぜＩＴ企業への規制を強めているのか？

一つの解釈は、中国のＩＴ企業があまりに巨大化すると、共産党の指導力に悪影響が及ぶというものだ。

アントの企業価値評価は4000億ドルに達してしかるべきだとの見方もあった。そうなると、評価額は資産規模で世界最大の銀行である中国工商銀行に並ぶ。巨大ＩＴ企業の力があまりに強くなり、共産党がこれをコントロールできなくなるような状態は、放置するわけにはいかないのだろう。だから、（共産党の目から見て）いきすぎた自由化にストップをかけるための引き締めが行なわれている、との見方である。

こうした解釈は、これまで述べた規制強化のすべての場合について成り立つ。

中国大衆の不満

中国大衆の不満も無視できない要因だろう。人々の間で巨大ＩＴ企業に対する不満が広がっており、共産党はそれに対処せざるをえないということだ。所得分配の不公平、貧富の差の拡大、巨大ＩＴ企業の横暴などに対する不満だ。

アリババやアント・フィナンシャルに対しても、中国民衆の間では「貪欲」との評価があるようだ。ディディのサービスに対しても、中国消費者の間では多くの不満や不信が蓄積してきたと言われる。

中国共産党としては、こうした不満を無視できない。そして、農民や工場労働者などを中心とした低中所得者層の立場に立った政策を展開することによって、政権基盤の強化を図ろうとしているのかもしれない。

つまり、鄧小平の「黒猫白猫論」(白猫であれ黒猫であれ、鼠《ねずみ》を捕るのがよい猫である)を否定し、共産党の原理念に戻ろうとしているのだ。これが、中国共産党が規制を強める理由として、第2に考えられることだ。

富の集中は、巨大IT企業に限ったものではない。国有企業にも似た問題があるかもしれないし、共産党内部の汚職もあるかもしれない。ただし、巨大IT企業への富の集中は、あまりに目につきやすいので、放置するわけにはいかないのだ。

データ漏洩防止

ディディの規制については、以上で述べたこととは別の観点から見ることもできる、それは、米中間の経済対立がデータの領域にも及んできたとの解釈だ。つまり、ディディなどのアプリを通じて中国の情報がアメリカに流れるのを阻止しようというものだ。

国家間の情報戦争は昔からあった。ただしそれは、軍事情報や国家機密情報をめぐってのものだった。もちろん、それは現在でも問題だ。だが、最近起こっていることの特徴は、そのような情報だけではなく、ビッグデータに関連する情報が問題になっていることだ。

ディディが蓄積している「移動」の情報は大変重要なデータであり、中国当局が神経をとがらせるのも無理はない。ディディのデータベースには、外国に知られたくない機密情報がたくさんあるだろう。それらをビッグデータとして解析すれば、かなりのことが分かる。上場すれば直ちにこうしたデータが流出するわけでもないだろうが、神経質になるのも理解できる。

第4章の2で述べたように、中国は「データ安全法」によって、データの国外漏出を防ごうとしている。ビッグデータはＡＩの能力を高めるカギであり、ＡＩは国の競争力を決める。したがって、データをどれだけ集められるかが国の将来を決める。米中間でデータをめぐる対立が生じるのは当然のことだ。

習近平は中国企業のアメリカＩＰＯを不快に思っている

ディディへの規制強化については、もう一つの解釈も可能だ。それは「中国企業のアメリカ市場でのＩＰＯを、習近平国家主席が不快に思っているから」ということだ。習近平は、中国企業が中国市場をないがしろにすることにかねて反感を抱いていたが、それが今回具体的な形をとったというのだ。

中国当局は、ディディのニューヨーク証券取引所でのＩＰＯを取りやめるよう圧力を掛けていたが、ディディがそれを押し切ってＩＰＯを強行したため、アプリの新規ダウンロード停止という強硬措置をとったというのだ。

中国の威信を強調する習近平がアメリカでの上場を望んでいないというのは、十分にありうることだ。

こうした見方を裏付ける状況証拠はほかにもある。2021年6月にニューヨーク市場に上場したトラック配車のフル・トラック・アライアンス（満幇集団）と、求人アプリ「BOSS直聘」運営のカンジュン（看準）についても、中国当局は同様の調査を始めていた。また、中国政府と中国共産党は、7月6日、国外で上場する中国企業への規制を大幅に強化するガイドラインを連名で発表した。

以上で述べたように、さまざまな解釈が可能だが、何が口実で何が本当の理由かは、分からない面もある。

経済的に不合理であると承知しつつ強硬手段

規制を強めることによって海外からの投資が減ることは、十分に予想される。IT企業の資金調達が難しくなれば、技術開発がスローダウンし、中国の経済発展にとって明らかにマイナスだ。

その意味では、これは経済的には不合理な決定である。それは、天安門事件の際に、強権に訴えれば海外からの投資が減ると予想されたにもかかわらず、共産党の権威確立のために強硬手段をとったのと同じことだ。

その意味で、いま起こりつつあるのは「第3次天安門事件」だということができる（1989年6月の天安門事件は「第2次天安門事件」と呼ばれるので、「そのつぎ」という意味で「第3次天安門事件」とした）。

優秀な中国人留学生が中国に戻らなくなる

ＩＴ企業に対する規制強化は、中国の技術開発に大きな影響を与えるだろう。

もともと中国におけるＩＴの発展は、中国の若者がアメリカの大学院で勉強し、その成果を中国で応用したことによって実現したものだ。

彼らは「海亀族」と呼ばれる。こうした人々が中国の著しい発展を支えたのは間違いない事実だ。それは中国国内で活躍の機会があるという期待に基づいたものであった。その期待がこれまでは満たされてきた。

ところが、引き続く規制強化によって、「先端ＩＴ企業といえども、共産党のさじ加減次第でどうにでもなる」ということが分かった。共産党の顔色をうかがいながらでしか活動ができない。そうなれば、優秀な中国の若者は、中国に戻るのでなく、アメリカにとどまることを選ぶだろう。

ズームの創業者エリック・ヤンは、中国の大学で学位を取ったあと、アメリカのＩＴ企業に参加し、その後独立した。そしてコロナ下で事業を急拡大し、売り上げが急増した。まさにアメリカンドリームを実現したわけだ。

こうしたことを見れば、それに続こうとする者が出てくるだろう。それは、中国の経済発展に深刻な打撃を与えることになるだろう。

5 「共同富裕」に中国の企業や富裕層が怯えるのは十分な理由がある

「共同富裕」が現実の政策目的に

習近平中国国家主席は、２０２１年8月17日、経済問題を協議する重要会議、中央財経委員会で「共同富裕は社会主義の本質的な要求」と表明した。「共同富裕」とは、貧富の差をなくして、すべての人が豊かになることだ。

共同富裕という考えは、いま初めて出てきたものではない。鄧小平は「豊かになれる者から先に豊かになる」という「先富論」を唱えたが、１９９２年の南巡講話では「先に発展した地域が遅れた地域を引き上げ、最終的に共同富裕に到達する」とも述べた。

17年10月の第19回党大会では、今世紀中頃までに「人民の共同富裕を基本的に実現する」という目標を掲げた。20年秋の五中全会（中国共産党中央委員会第5回全体会議）では、浙江省《せっこう》を先行モデル区に指定して、35年までに共同富裕を実現することが提起された。

21年7月1日、中国共産党創立100周年の祝賀で、党の長年の目標だった「小康社会（人々がややゆとりのある生活を送れる社会）」の全面的な実現が宣言された。そこで、つぎの目標として、共同富裕が取り上げられたと言われる。

IT企業規制の最大の理由は格差是正だった

本章でこれまで見てきたように、IT企業に対して規制強化や多額の罰金措置などが続いていた。こうした強硬政策がとられる理由として、いくつかのことが考えられるのだが、分配問題が決定的に大きいことが分かった。

一方において、目覚ましい発展をするIT企業がある。しかし、その成長の恩恵が国民に及ばない。もはや、現状を放置できないのだ。

中国では貧富の格差が大きい。中国の調査会社が発表する世界長者番付「胡潤百富（フルン・レポート）」によると、2020年に10億ドル以上の資産を持つ中国人は1058人となり、アメリカの696人を上回った。一方で、中国には月収1000元（約1万7000円）程度で暮らす人が約6億人もいる（日本経済新聞、21年8月27日）。

17年の中国のジニ係数は0・467だ（日本経済新聞、18年2月13日）。社会騒乱多発の警戒ラインは0・4と言われているが、これを大きく超えている。格差は、ゼロ・コロナ政策によってさらに拡大する傾向にある。

「小康社会が実現できたから、より高次の目的として共同富裕に向かう」というよりは、「国民の不満が強まっているので、強力な所得再分配政策を行なわざるをえない」ということではないだろうか？

第3次分配？　寄付？

共同富裕は、抽象的に考えれば、望ましい目標だ。問題はそれを実現する手段だ。

2021年8月17日の会議では、共同富裕を実施する手段として、「1次分配（市場メカニズムによる分配）、再分配（税制、社会保障などによる分配）、3次分配（個人や団体が寄付や慈善事業などで富を第三者に分け与える）を協調させて、基礎的な制度を準備する」という考えが示された。

注目すべきは、3次分配という手段が前面に押し出されていることだ。

これに応えて、テンセント（騰訊）は、５００億元（約８５００億円）を、農村振興や低所得者向けの医療・教育支援事業などに充てる計画を直ちに公表した。これが発表されたのは、政策公表からわずか26時間後だ。異常な速さと言える。他社も追随するだろう。

中国では税制を通じての再分配ができない

本来であれば、所得の再分配は税制で行なわれるべきだ。共同富裕にも、形式的には税が使われることになっている。しかし、十分に機能するかどうか、疑わしい。

まず、中国の個人所得税は規模が小さい。財政収入のうち、所得税収入の比率は極めて低い。こうなるのは、一つには国民の大多数の所得水準が低いことだが、高所得者層の所得の捕捉率が低いことも理由だ。その上、２０１９年からは大幅な減税が行なわれている。

では、法人税はどうか？　中国には、日本の法人税に相当するものとして、「企業所得税」がある。事業活動によって取得する所得が課税対象で、基本税率は25％だ。

ただし、ハイテク企業には優遇措置があるので、負担率は25％より低い。この優遇措置を廃止して、負担率を25％に近づける可能性はあるが、それだけでは十分でない。

また、固定資産税や相続税を導入するとの観測もある。しかし、総じて、税を活用する余地は少ないと考えられる。

民主主義国家の寄付は「啓発された利己主義」による

寄付制度は、日本も含めて、民主主義国家にも広く存在する。ただし、それは、寄付行為を市場が肯定的に評価するという条件下で機能している。

法人が寄付をすれば、株主に対する配当が減るから、寄付行為は本来は株主の利益に反する行為だ。しかし、それにもかかわらず企業が寄付するのはなぜか？

これに関して最も説得力のある理由づけは、「企業が寄付をすれば、社会的なイメージが高まり、長期的な利益最大化のためにはそれが役立つ」というものだと思う。つまり、寄付は、イメージ向上を通じて、利益を最大化するための手段なのである。

１９５０年代に、ＩＢＭ初代社長のトーマス・Ｊ・ワトソンは、「enlightened self-interest」という概念を提唱した。これは「啓発された利己主義」と訳せるだろう。この概念は、ＩＢＭのその後の発展に重要な寄与をしたと考えられる。

企業が社会に奉仕するのは、それ自体が目的だからではない。それによって企業のイメージが向上すれば、長期的には企業の収益に貢献するからである。寄付もその意味で役立つのだ。

ここで重要なのは、寄付の評価はマーケットが行なっていることだ。消費者は、寄付をする企業の製品を購入するし、投資家は寄付をする企業に投資する。

しかし、中国の場合、その評価をするのは政府・共産党だ。形式的な目的は貧しい人々の所得を増やすことだが、実際には、企業や富裕層をコントロールするための手段として用いることになるだろう。寄付が不十分と判断すれば、なんらかの制裁措置を加える。しかも、十分か不十分かの判断は恣意的に行なわれる。

毛沢東の亡霊がアリババを潰す？

アメリカでは、1870年代から1900年代にかけて、工業化が急速に進展した。石油の鉱脈が開発され、大陸横断鉄道で東海岸と西海岸が結ばれた。鉄鋼業などの重工業が発展し、大企業がつぎつぎと生まれた。

19世紀末から20世紀の初めにかけてのアメリカ社会を、マーク・トウェインは「金ぴかの時代（Gilded Age）」と呼んだ。「Gilded」とは、無垢《むく》の金ではなく、表面だけに金が塗られている「金メッキ」のことだ。新しく誕生した大企業経営者が空前の富を蓄積したことを、皮肉を込めてこう呼んだのだ。

この時代に活躍したのは、つぎのような人々だ。「鉄道王」のコーネリアス・ヴァンダービルト、「鉄鋼王」のアンドリュー・カーネギー、「石油王」のジョン・D・ロックフェラー、そして、「自動車王」のヘンリー・フォード。

他方で、貧しい移民がアメリカにやって来て、格差が拡大した。それに対処するため、独禁法・連邦所得税の導入、連邦遺産税・贈与税の導入など、さまざまな改革が行なわれた。そして、金ぴか時代が終了した。

中国でも、いま金ぴか時代が終了しようとしている。

しかし、アメリカと中国では大きな違いがある。アメリカでは、所得再分配のルールは分かっている。寄付が十分か否かを判断するのは市場だ。企業や富裕者が怯えることはない。

中国では、本来は自発的行為であるはずの寄付が、事実上強制される。ルールは不明であり、寄付が十分か否かは、権力者の恣意的判断に委ねられる。

負担を迫られる富裕層や大企業の間で警戒感が高まり、動揺が生じている。また、投資家は狼狽《ろうばい》している。こうした恐怖は十分根拠があるものだ。

アリババの創業者ジャック・マー氏は、2020年10月下旬に上海市で開催されたカンファレンスの講演で「未来を規制するために昨日の方法を使うことはできない」と言った。

誠に正論だと思う。しかし、いまや毛沢東の亡霊が蘇《よみがえ》ろうとしているのだ。それがアリババを叩き潰したとしても、少しも不思議ではない状況になっている。

中国に対する投資は重大な転換点を迎えた。

6

米中金融デカップリングは中国経済に計り知れない悪影響をもたらす

アメリカ側からも問題視される中国IT企業

米議会は中国企業を問題視している。米上下両院は20年、米上場の中国企業の監査体制が不十分であるとした。そして、米当局による検査を拒んだ場合、3年後にアメリカでの株式売買を禁止する法案を可決した。

TikTokなどの特定の中国企業が安全保障上のリスクをもたらすとの考え方は、バイデン大統領もトランプ前大統領と同じだと言われる。実際、バイデン大統領は21年6月、中国企業59社への投資を禁じる大統領令に署名した。「アメリカや同盟国の安全保障、民主主義的な価値を損なう中国企業への投資を禁じる」として、軍事開発と監視技術を手掛ける企業をリストに並べた。

こうして、アメリカ政府からも規制を強化され、中国政府からも管理される。グローバルな活動を行なおうとする中国のIT企業は、今後のビジネスがやりづらくなる。

アメリカも中国企業の上場を望んでいない

アメリカは、中国企業のアメリカ市場での上場を望んでいない。その理由は、財務諸表等の開示が不完全であること、実地監査ができないことなどだ。

こうした観点から、トランプ前大統領は、開示が不完全であるアメリカの中国企業を上場廃止にする処置を進めてきた。そして、２０２０年12月に「外国企業説明責任法」に署名し、成立させた。これは、アメリカで上場する外国企業の会計監査について、公開会社会計監視委員会（ＰＣＡＯＢ）による検査を３年にわたって受け入れない場合には、上場廃止にするとした法律だ。

アメリカの公開会社会計監視委員会は、21年５月、「外国企業説明責任法」における「完全な調査・検査が行なえない会計監査法人」の認定の細則を発表した。これによって、アメリカの証券取引所に上場する中国銘柄の株価が急落した。電子商取引大手のピンドゥオドゥオ（拼多多）は前日比７・11％下落、動画配信サービスのビリビリ（哔哩哔哩）は同６・83％下落、アリババ（阿里巴巴）集団は同６・28％下落した。

中国のハイテク企業は「前門の虎、後門の狼」の状態だ。

金融デカップリングの悪影響は計り知れないほど大きい

こうして、米中間の「金融デカップリング（資金面での切り離し）」が進む可能性がある。アメリカでも中国でも、当局はそれを望んでいる。そうであれば、デカップリングは急速に進行するかもしれない。

それにもかかわらず、これは中国、アメリカの双方から見て望ましくない結果をもたらす。財やサービスの自由な貿易が関税や規制によって制約されることは、輸入国にとっても輸出国にとっても望ましくない。資本取引についても同じことが言える。

つまり、金融デカップリングは、経済的に合理的でない政策だ。とりわけ中国の立場から見てそうだ。これによる悪影響は、中国にとって計り知れないほど大きい。

中国は、１９８０年代の「改革開放」政策の導入以来、資金を外国から調達することによって成長してきた。

世界銀行の資料によって、中国における直接投資のネットの流入（対内投資から対外投資を引いた額）のＧＤＰに対する比率を見ると、90年代の中頃には６％程度の水準だった。これは他国に比べて飛び抜けて高い水準だ。

中国の経済発展を支えた投資は、自国内で生み出された貯蓄によって賄われたのではなく、主として外資によって賄われたのである。つまり、中国の経済発展は外資によってなされてきたのだ。

この数字は、最近では1％台にまで低下している。しかし、過去に流入した資本があるから、ストックで見れば依然として高い。

また、最近の中国の国際収支（2019年）を見ても、経常収支が1413億ドルの黒字であるにもかかわらず、金融収支は570億ドルの赤字（純資産の減少。負債の増加）だ。つまり、現在でも中国は外資に頼っている。

米議会の諮問機関「米中経済安全保障調査委員会」によると、21年5月時点で、アメリカの主要3取引所に上場する中国企業は248社で、時価総額は計2・1兆ドルにのぼる。

中国を本拠とする企業によるアメリカでのIPOは、20年は120億ドルで、3年前から3・4倍に増えた。21年には前半だけで91億ドルに達しており、通年では14年以来の高水準となる見込みと言われていた。

【キーワード】デカップリング

「デカップリング」は、もともとは、それまで連動していたものが連動しなくなることを意味する言葉だった。先進国と発展途上国の景気変動などについて言われた。

米中経済対立が激化するにつれて、中国との間でそれまであった密接な関係を解消することを「デカップリング」という場合が多くなった。中国と他国の間のサプライチェーンが、政治的な理由で分断されることだ。これは「チャイナリスク」の大きな構成要素とされる。

習近平は、中国のプライドを追い求める。しかし、その結果、外国から資金を調達できなくなり、自ら喉《のど》を締めることになる。自給自足主義をとれば、必ずそうした結果になる。毛沢東による1950年代の「大躍進政策」を思い出さざるをえない。

7 「中国は金融デカップリングを恐れていない」という見方も可能

中国への資金流入は増加している

本章の4では、ディディなど米市場でIPOする企業に対して中国当局が規制を強めているのは、米中間の金融的なつながりを切断する経済的に非合理な行動であり、中国の今後の発展に重大な悪影響を及ぼすだろうと述べた。

しかし、この問題については、別の見方をすることも可能だ。それは、中国がコロナ克服に成功したことから、さまざまなチャネルを通じて中国への資金流入が増加しており、そのため、外国市場上場という形での資金調達が減っても、もはや中国は困らない、という見方だ。

だから、情報流出の危険を冒してまで、あるいは中国のプライドを犠牲にしてまで、外国市場に上場する必要はないということになる。

このような見方の背景には、中国の国際収支の金融収支で、つぎのような変化が最近起きていることがある。（注1）

①中国対外直接投資の減少
②対中直接投資の増加
③対中証券投資の増加

（注1）金融収支は「直接投資」「証券投資」「金融派生商品」「その他投資」および「外貨準備」からなる。現在のＩＭＦのルールでは、対外資産が増える場合にプラスと表示することになっている。

国際収支に関しては、つぎの関係が恒常的に成り立つ。

経常収支＋資本移転等収支－金融収支＋誤差脱漏＝０

ただし、中国の公式統計では、ＩＭＦのルールとは逆に、対外資産が増える場合にマイナスと表示しているので、注意が必要だ。

中国の対外直接投資が急減

第1は、中国の対外直接投資の動向が変化したことだ。

企業の海外進出を奨励する「走出去」の後押しによって、中国の対外直接投資はこれまで拡大してきた。2000年代半ばには、経常収支黒字の拡大と海外からの直接投資増大によって資金流入が増加し、国内に過剰流動性をもたらす恐れが生じたため、対外投資がさらに奨励されるようになった。

その結果、対外直接投資は1990年の9億ドルから2007年の248億ドルまで拡大した。その後も、16年まで拡大傾向で推移し、中国の対外直接投資額は世界第2位となった。世界の対外直接投資に占める割合は12・7%にまで拡大した。日本でも、中国資本による不動産の買い占めなどが話題となった。

しかし、17年以降、中国企業の対外直接投資は欧米向けを中心に急減した。19年の中国の対外直接投資は、前年比18・1%減の1171億ドルとなった。

その背景には、つぎのことがある。第1に、不動産業、娯楽・観光業への直接投資に対して、中国当局の管理が強化されたこと。第2に、欧米諸国で外国企業に対する投資規制が強化されたこと。アメリカでは18年8月に「外国投資リスク審査現代化法」が成立した。

ただし、アジアへの投資は「一帯一路」戦略に関連したインフラ建設投資などを中心として増加している。

中国が直接投資の最大投資先国になった

第2は、中国への直接投資が増加したことだ。国連貿易開発会議（UNCTAD）の年次報告によると、２０２０年の世界の海外直接投資（FDI）において、中国がアメリカを抜いて最大の投資先国になった。対中投資が１６３０億ドルで、対米投資が１３４０億ドルだった。19年には、対米２５１０億ドル、対中が１４００億ドルだったのだが、対米新規投資はほぼ半減したのだ。一方、対中投資は前年比４％増だった。

このように、中国の対外直接投資が減って受け入れが増えているので、ネットの対外直接投資は減少している。

ネット投資額は、16年にはプラス（中国対外純資産の増加）だったが、17年にはマイナス（中国対外純債務の増加）となり、20年に至るまでその額が増大している。

対中証券投資も増加

第3は、対中証券投資も増加していることだ。とくに、中国国債への投資が増えている。

香港経由で中国の債券を売買できる「ボンドコネクト（債券通）」などを利用した外国人の元建て債券の保有残高は、過去1年間で約6割増え、2021年3月末には3兆5581億元になった。

外国人の中国国債の保有額は、16年初めには2500億元程度だったが、18年夏には1兆元を超えた。そして、21年5月には前年同月比46％増の約2・1兆元になった。

新型コロナウイルスに対応して、米欧などの主要国は金融緩和を進めた。このため、国債利回りが顕著に低下した。他方で、中国は早期にコロナを克服して経済の正常化を進めたため、10年債の利回りは3％程度を維持している。これに着目した機関投資家や中央銀行が、中国国債を購入していると思われる。

また、人民元高が続いている（詳細は次項で述べる）。これによる為替差益の期待も、国債購入を増やしていると思われる。

証券投資は、15、16年はプラス（対外資産の増加：中国からの外国への証券投資）だったが、17年からはマイナスになり、20年にはその額が拡大している。

人民元高容認が意味すること

中国の経常黒字は、2018年には縮小した。しかし、20年には、コロナ制圧に中国が成功して中国経済が回復したため、増加した。

通常の国であれば、経常収支が黒字であれば、直接投資あるいは証券投資によって、対外資産を増加させる。そして、金融収支はプラスになる。その結果、経常収支と金融収支がバランスを保つ。

ところが中国は、これによって人民元高の圧力が生じることを防ぐため、これまでは商業銀行が企業から、そして中央銀行が商業銀行から外貨を買い取り、外貨準備を増やしてきた。この点で中国は特殊な国だった。

しかし、18年以降は、このようなことはなくなった。アメリカから19年8月に為替操作国と認定されたからかもしれない（なお、認定は20年1月に解除）。

人民元レートは、20年5月から一貫して増価している。20年5月には1ドル＝7・1元だったが、21年6月1日には1ドル＝6・38元台に達した。7月22日では1ドル＝6・47元だ。

前項で述べたように、元高の期待が対中証券投資を増加させ、中国への資金流入をさらに増加させている。

中国がIT企業に対する規制を強めていることは間違いない。これが「第3次天安門事件」と呼べるほどの大きな方向転換であることも間違いない。

問題は、それが中国経済に与える影響の評価だ。本章の4では「深刻な影響があるだろう」

と書いたのだが、以上で述べた資金流入状況を考慮すれば、「ニューヨーク市場でのＩＰＯが減っても問題は大きくない」と考えることも可能だ。

１９８９年の第２次天安門事件の際には、外国からの投資は90年代の初めまでは停滞した。しかし、92年の鄧小平の南巡講話をきっかけに回復した。今回は、すでに資金流入が増加しているのだから、影響はさらに少ないかもしれない。もしそうであれば、中国共産党は自信を深め、今後、さらに規制を強めるかもしれない。

ただし、中国の統計には不透明な部分も多く、最終的な判断はまだ下しにくい状況だ。(注２) 今後の事態の推移を見守る必要がある。

（注２）中国の統計には、不透明な部分が多い。

第１に、「誤差脱漏」が巨額だ。多くの年において金融収支より額が大きい。

第２に、「その他投資」とされているものが巨額だ。多くの年において直接投資や証券投資の収支より額が大きい。これらが具体的にどのような内容のものであるかはまったく分からない。

この背後には、中国の国際金融取引が香港を通じて行なわれていることがある（第９章の１参照）。また、台湾からの投資がケイマン諸島などのタックスヘイブンを経由していることも影響している（第９章の２参照）。

統計の重要な部分が内容不明になっているのは誠に遺憾なことだが、やむをえない。ただし、さまざまなチャネルを通じての中国への資金流入が、とくに２０２０年に増加しているという傾向には変わりはない。

8 巨大ＩＴ企業の問題は米中同じだが、政治体制が違う

米巨大ＩＴ企業は史上最高の利益

アメリカの大手ＩＴ企業が空前の利益を上げている。２０２１年7月末に発表された４～６月期（第２四半期）の決算によると、アップルは、最終利益が前年同期比93％増の２１７億ドルで、第２四半期の決算としては過去最高益だった。アルファベット（グーグルの持ち株会社）は、最終利益が１８５億ドルと2・6倍以上に伸び、四半期としての最高を更新した。フェイスブックは、利益が前年同期から倍増の１０４億ドル。マイクロソフトは、最終的な利益が46％増えて１６５億ドルだった。アマゾンの純利益は、前年同期の52億ドルから78億ドル

に増加した。

これまでもＧＡＦＡＭと呼ばれる前記の企業群は華々しい成長を続けてきたが、このような状況を見ていると、あまりの利益の集中に言葉を失ってしまう。

アメリカ政府もＩＴ企業を統制しようとしている

アメリカも、巨大ＩＴ企業に対して何も制約を加えていないわけではない。実際、２０２０年には、グーグルとフェイスブックが独占禁止法違反の疑いで提訴された（フェイスブック提訴はその後取り下げられたが、再提訴された）。

バイデン政権になって、アマゾンに批判的なリナ・カーン氏が米連邦取引委員会（ＦＴＣ）委員長に指名されるなど、規制派が重要ポストを占めた。このことから、規制がさらに強化されるだろうとの見通しもある。

トランプ政権はデジタル課税に否定的な立場をとっていたが、21年6月のＧ７では、アメリカは国際的デジタル課税を導入することに同意した。

さらに、サードパーティークッキーの規制も行なわれている。グーグルやフェイスブックの重要な収入源であったターゲティング広告が、これによって大きな影響を受ける。

そして、バイデン大統領は、21年7月9日、国内市場の競争促進のための大統領令に署名した。大企業による寡占市場や不要な規制で競争が抑制されている市場に関して、法令の執行強化や規制の撤廃を進めるよう、担当閣僚らに具体策の検討・実施を指示した。反トラスト法（独占禁止法）を所管する司法省と米連邦取引委員会に対しては、同法を積極的に執行するよう求めた。対象はＩＴだけではないが、重点的に競争促進に取り組む市場に「インターネットサービス」も含まれている。

バイデン大統領は、この40年間、国内で競争が抑制されてきたため、中間所得層が不要なコストを払わされたと指摘し、「競争のない資本主義は資本主義ではない。搾取だ」とした。そして、「独占企業や悪質な合併は許さない」と強調した。

怪物が現れたという認識では同じ

このように、米中の政府とも、巨大ＩＴ企業の現状を放置するわけにはいかないと考えている。経済力がこの分野にあまりに集中しすぎている。ほかとの格差がこれだけ開いてしまうと、放置するわけにはいかない、限度を超えた、という認識があるだろう。

アメリカ経済の急回復でＧＤＰ成長率が上がった。それでも、２０２１年４～６月期の実質ＧＤＰ成長率は、前期比・年率換算で６・５％増だ。

それに対して、巨大ＩＴ企業の利益は、先に見たように、前年比50％増とか１００％増というオーダーだ。あまりに大きな違いと言わざるをえない。

成長企業においても、成果の配分がすべての従業員に及んでいるわけではない。アメリカの主要500社の最高経営責任者と従業員の報酬格差は、300倍にもなっている。こうしたことへの不満が、好業績の企業の従業員の中で高まっている。

われわれでも、アメリカIT企業の著しい増益状況を見ると、コロナ禍で多くの人が苦しんでいるにもかかわらず、こうしたことが起きるのはなんともおかしいと、素朴に考えざるをえない。巨大IT企業がこれまではなかった怪物であることが、誰の目にも明らかになった。

アメリカも中国も、これらの企業が新しい技術を開発し、経済を牽引することを認めている。それが国を強めることも承知している。米中が世界の覇権を争う中で、それが重要な意味を持つことも分かっている。

しかしそれにもかかわらず、あまりの富の集中を放置すれば、社会的な不満が高まり、経済運営に支障が出るだろうという認識を、アメリカの指導者も中国の指導者も持たざるをえなくなっているのだ。

米中の政策決定機構の違い

では、米中政府が同じ認識を持ちながら、両国のIT企業の利益や株価の動向に差が出てくるのはなぜか？

アメリカの場合、政策を変えようとしても、本当にできるかどうかは分からない。少なくとも、直ちに大きな変化が生じることはないと、市場に受け取られている。

それに対して、中国政府は、政策の方向づけを変えようと思えば、極めて強い強化策を直ちに実行に移せる。

巨額の収入が得られると分かっているアントの上場を停止させたり、市場空前の罰金をアリババに科したり、ディディのニューヨーク市場上場直後にアプリの新規ダウンロードを禁止している。民主主義国家では考えられないような強い政策を、信じられないほどのスピードで実行しているのだ。

アメリカ連邦政府は、これまで独占企業を自由に活動させてきたわけではない。それどころか、反独占はアメリカ経済政策の基本であり、スタンダード・オイルの分割など、極めて強力な政策を行なっている。情報関連でも、ＡＴ＆Ｔの分割を行なった。また、ＩＢＭやマイクロソフトに対しても強い政策をとった。

しかし、こうした施策は民主的プロセスを踏んで行なわれる。すぐにはできない。実際、前記の競争促進令に対して、アメリカの産業界は過度な介入だと、直ちに反発した。

利益や株価における米中の差は、このような両国の政策決定プロセスの違いを反映したものだ。

米中どちらが正しいのか？

米中どちらのアプローチが正しいのだろうか？

中国のように果敢な政策をとって、巨大ＩＴ企業への富の集中を排除し、国民の不満をなだめるほうが社会を安定化させ、長期的な成長にとっては望ましいのかもしれない。

しかし、独裁政権によるそのような政策は、しばしばいきすぎる。政策の実行は遅くとも、社会の合意を得つつ政策を実行するというアメリカのスタイルのほうが、長期的な成長にとっては望ましいのかもしれない。

「民主主義は最悪の政治形態だ。これまでに試みられてきた民主主義以外のあらゆる政治形態を除けば」というウィンストン・チャーチルの言葉を、われわれはこれまで信じてきた。しかし、巨大ＩＴ企業の問題は別かもしれない。

米中のどちらが正しいのか。現時点では即断しにくい。ただ、世界経済がいま大きな実験を始めようとしていることは間違いない。

第6章のまとめ

・中国では国家によるハイテク企業の規制が強まり、アリババなど巨大ＩＴ企業の事業環境が急激に悪化している。これによって資金調達が難しくなって技術開発が遅れるので、中国の経済発展には明らかにマイナスだ。

・中国当局による規制強化の原因として、つぎのようなことが考えられる。共産党の支配確立、国民の不満への対処、情報の国外流出への対処、中国企業のアメリカ市場におけるＩＰＯの規制。いま起きているのは、第３次天安門事件と言えるほどの大きな変化だ。

・中国共産党は、「共同富裕」を政策目的に据え、企業に寄付を求める方向を打ち出した。格差是正のためには、本来は税制を活用すべきだが、それができないからだ。民主主義国家では寄付が十分か否かを判断するのは市場だが、中国では国（共産党）が判断する。したがって、企業をコントロールする手段として使われる。企業や富裕層がこれに怯えるのは、十分理由がある。中国に対する投資は重大な転換点を迎えた。

- アメリカも中国企業の米市場での上場を望んでいない。したがって、米中金融デカップリングが進展する可能性がある。これは、計り知れないほど大きな悪影響を中国経済に与えるだろう。
- 他方、中国への資金流入が増加しているので、中国IT企業の外国市場への上場が減っても、影響は少ないとの見方が可能かもしれない。中国共産党は、それに自信を深めて、さらに規制を強化するかもしれない。
- 米中両政府とも、巨大IT企業への富の集中が限度を超えたという認識をもっている。しかし、アメリカでは政策の実行までに時間がかかる。それに対して、一党独裁国家の中国では、最高指導者が望む政策を直ちに実行できる。長期的成長のためにどちらがよいのか、いま歴史的実験が始まっている。

第7章

コロナ対応で露呈した米中国家像の越えられぬ溝

1 強力無比な中国の「健康コード」

中国はなぜコロナを制圧できたのか？

２０２１年３月に行なわれたアメリカと中国の外交トップによる協議で、両国が衝突した。アメリカが問題視したのは、香港や新疆ウイグル自治区における人権侵害問題などの個別の問題だけではない。もっと広範に、中国の国家システムの理念を問題とした。なかでも、ハイテクを駆使した国民監視の仕組みが構築されつつあることだ。米中対立の対象は、トランプ政権時代の経済や関税という問題から、国家理念の問題に移ってきた。

注目すべきは「中国が新型コロナウイルスの制圧に世界でいち早く成功したのは、中国の国家システムのためである」と中国側が豪語したことだ。中国は、コロナでの体験を通じて、自国のシステムに対する自信を深めつつある。

では、中国が誇示した「国家システム」とは何か？

まず、「強い政府」だ。中国がコロナ封じ込めに成功した第1の理由が、国家権力の強大さであることは間違いない。武漢の閉鎖がその例だ。あっという間に、人口が1000万人を超える大都市を閉鎖してしまった。このようなことは民主主義国家ではとても考えられない。

ただし、コロナ封じ込めに成功したのは、都市封鎖のためだけではない。実際、武漢ほどの大規模な都市封鎖は、その後は行なわれていない。

その後は、データによって国民を管理する「データ共産主義」が重要な役割を果たしたと考えられる。

中国の「健康コード」とは何か？

中国では、「健康コード」というものが使われている。これはスマートフォンのアプリで、新型コロナウイルスに感染している危険度がどの程度かを判定し表示する。

中国では、このアプリに緑色（安全）のQRコードが表示されていなければ、公共交通機関は使えず、ビルや商店にも入れず、買い物や外食もできない。要するに、まともな生活ができない。

このような強力な仕組みがつくられたために、中国はコロナの感染拡大を防げたのだ。

日本の接触確認アプリ「ココア（COCOA）」が不具合続きで、結局のところ、なんの役にも立たなかったのとはまったく対照的だ。

２０２０年12月１日からは、日本から中国に渡航する場合にも、健康コードを申請し、コードの有効期間内に飛行機に搭乗する必要がある。


プライバシー無視の「健康コード」へのデータ利用

問題は、「健康コード」へのデータ入力がどのように行なわれているかだ。

まず、どこかを訪れると、そこに掲示されている２次元バーコードをスキャンして現在地を自己申告する。また、衛星測位システムによって行動経路が測定される。

政府や企業などが持っているさまざまな個人情報も利用されているようだ。政府はコロナ感染者のリストを持っており、それによってコロナ感染者に近づいたかどうかが分かる仕組みになっているのではないかとも想像される。

膨大な人数の検査員を動員して、検問所で聞き取りや赤外線体温計による検査をしている。あるいは、戸別訪問をして疑わしい症状の人を記録している。

家族の発熱などの体調不良を報告しない、患者との接触履歴を隠す、感染地域に侵入したなどの行動をとると、個人信用評価のスコアが低下する。他方で、最前線で働く医療スタッフのスコアは上がる。また、募金や物資の提供によってもスコアが上がる。

それだけではない。住民の密告も取り入れているとの報道もある。武漢市への訪問を報告していなかったために、住んでいたマンションの管理組合から14日間の自主隔離を命じられたという例があるそうだが、これが明らかになったのは、隣人の密告のためだった。そのほかの場合も、近隣住民の密告などに頼っている場合が多いのではないかと想像される。

このようにして国民一人ひとりの行動データから感染リスクを格付けし、色違いのQRコードを発行する。それによって、建物への出入りや移動を管理しているのだ。個人の行動経路は、政府によって完全に把握される。プライバシーなどあったものではない。

もっとも、制裁は、懲役や罰金のような重いものでない。名誉が傷つく、あるいは、生活や仕事に支障が出る程度だ。場合によっては無視できるかもしれない。

疫病という重大事に当たるには、プライバシーが制限されてもやむをえないという考えは、当然ありうるだろう。しかし、民主主義国家ではとても考えられない仕組みだ。このような仕組みが受け入れられていることが、中国でコロナをコントロールできた基本的な理由だと考えられる。

しかし、われわれから見れば、「近隣住民の密告のような情報でスコアが下がってもよいのか？　社会的な制裁が司法手続きを踏まずに行なわれてもよいのか？　権力者の恣意でいかようにも運営できる仕組みなのではないか？」といった疑問がある。

2
中国は強権で新型株を抑え込もうとする

広州省の感染を抑え込んだ

中国は、国家権力によってデルタ株を抑え込もうとしている。

これについて、ジェトロのレポート「中国は国内初の新型コロナ・デルタ株の市中感染をいかに収束させたか」に詳細な報告がある。

２０２１年５月21日、広州市荔湾《れいわん》区の75歳の女性がデルタ株に感染した（ルワンダからの渡航者を通じて感染した）。

当局は、ただちに濃厚接触者26人を特定して隔離した。それとともに、感染者の居住地域を中心に、８万人を超える住民に一斉にＰＣＲ検査を行なった。29日には、荔湾区全域で、店内飲食、対面授業、および生活に必要でない活動が禁止された。

ところが、隣接する佛山《ぶっざん》市で３人の感染者が確認された。そこで、31日には、広州市から省外に移動する者に対して、接触確認アプリ「健康コード」とPCR検査の陰性証明の提示を義務づけた。

また、感染者の居住地域や会社・学校の所在地を「封鎖式管理」地域とし、厳格な自宅隔離と14日間で4～5回のPCR検査を実施した。

さらに、感染者が訪れた地域と周辺地域を「入ることはできるが、出られない」という「抑制管理」地域とした。

6月2日には、広州市の新規感染者数が15人と、ピークになった。しかし、厳しい措置が効果を発揮し、6月15日には広州市で新規感染者がゼロとなった。7月3日には「健康コード」とPCR検査の陰性証明が不要になった。

デルタ株の感染力からいうと、10日程度で広東《かんとん》省全体（約1億2000万人）に感染が広がる可能性があった。それを、わずか1カ月もたたぬうちに抑圧したのだ。

それでも抑え込めず、ワクチン接種者も感染

ところが、これだけ厳しい措置がとられているにもかかわらず、その後もデルタ株の感染者が発生した。

7月20日には、南京市の空港で感染者が確認された。8月10日には感染が数十都市に拡大した。

8月11日には、中国東部の浙江省にある世界有数（コンテナ取扱量では中国第2位）の大型港・寧波《ねいは》港で、港湾作業員が、シノバック・バイオテック（科興控股生物技術）製ワクチンを2回接種していたにもかかわらず、デルタ株に感染した。そのため、港の大規模コンテナターミナルが操業を停止した。

中国では、無症状であっても、陽性者は病院に運ばれる。そして、「健康コード」によって濃厚接触者と判断された場合だけでなく、濃厚接触者の濃厚接触者であっても、隔離される。8月10日時点で中国国内の隔離者は約5万人。感染者1人につき20人以上が隔離されたことになる（日本経済新聞、2021年8月24日）。

こうした中国の徹底した対処と日本の現状を比較すると、あまりの違いに声も出ない。

仮にいまの日本で中国並みの対処をしたら、首都圏の住民はすべて自宅に閉じ込められて隔離され、3日に一度のPCR検査をしなければならないだろう。

中国人にしてみれば、「日本では、デルタ株に対してなんの対策もしておらず、感染拡大を野放しにしている」としか見えないだろう。

行動制限で経済活動に支障

中国の強権措置で感染拡大は抑止できるが、そのためのコストはあまりにも大きい。

実際、中国における厳しい対策のコストは、目に見える形で現れた。前述した寧波港は8月末になっても操業が再開されず、世界の物流に影響を与えた。

それだけではない。観光地が相次ぎ封鎖となり、ホンダの合弁工場が停止されるなど、経済活動に影響が出た。8月中旬の空港稼働率は38％でしかなかった。

中国国家統計局が8月16日に発表した7月の主要経済指標によると、小売売上高は前年同月比8・5％増となり、6月の12・1％増から大きく低下した。自動車の売上高は1・8％減となった。

野村ホールディングスは、中国の2021年通年のGDP成長率の予測を8・9％から8・2％に引き下げた。

強権に頼らざるをえない中国

中国でのコロナワクチンの接種回数は、2021年8月12日までの時点で18億3245万回となり、接種が完了した人の数は7億7700万人となった。しかし、ワクチンの有効性は50～78％で、90％を超えるファイザー製やモデルナ製より低い。実際、中国で免疫を獲得している人の割合は、インドやインドネシアを下回っているという。そうした事情があるので、前記のような強権的措置に訴えざるをえないのだ。

しかし、そうすれば、経済活動への影響を避けられない。世界で最も深刻な問題にさらされているのは中国だと言うこともできる。

なお、中国が厳しい措置をとり続ける限り、海外旅行の解禁も遠いと考えざるをえない。これは、日本の観光業や来日客の購買目当てのデパートなどには、大きな打撃となるだろう。

3 デジタル共産主義

健康コードがないとコロナに対処できないのか？

多くの日本人は、中国の「健康コード」のことを聞くと、「中国の人々は大変だ。そんなものに束縛されて生活するのは耐えられないだろう。でも、私は日本人だから大丈夫。これはよその国の話だ」と考えるだろう。

私もそう考えていた。しかし、健康コードがコロナの感染防止に大きく寄与したと知ったいまでは、それを「他人事」とは言っていられない。

コロナ感染が広がり始めた頃、「日本人は集団的性向が強いので、強制的な手段をとらなくても人々は外出自粛に協力するだろう」と、私は考えていた。

しかし、実際に起こったことは違っていた。

２０２０年のゴールデンウイーク時には、医療崩壊が迫っていた沖縄に、沖縄県知事の必死の自粛要請にもかかわらず、多数の観光客が押し寄せた。また、秋の行楽シーズンには、人々が大挙して観光地に出掛けた。飲食店は夜遅くまで客が満員だった。この結果、一度は収まった感染が拡大した。２０２１年夏の感染爆発時にも、緊急事態宣言にもかかわらず、人々の外出はあまり減らなかった。

こうした様子を見ていると、「自発的な協力を求めるだけではコロナは終息しないのではないか？」という不安を抑えられない。


【キーワード】接触確認アプリ「ココア（COCOA）」


接触確認アプリ「ココア（COCOA）」は、コロナ陽性者に濃厚接触した人に通知を出す。2020年6月19日から利用可能になったが、運用開始初日に不具合が生じて運用停止になった。7月3日に修復されたが、再び不具合が見つかり、7月13日から修正版を提供した。

ところが、ココアの利用者のうち3割にあたる772万人のAndroid版利用者については、陽性者と濃厚接触した場合でも「接触なし」と表示されていた。しかも、その不具合が4カ月間放置されていたことが21年2月3日になって明らかになった。つまり、Android版利用者の場合、正常に使えたのは7月中旬から9月までの2カ月半程度でしかなかったのだ。

日本の場合に接触確認アプリ「ココア」が機能しなかったのは、技術的に問題があったからだが、仮にそうした問題がなかったとしても機能したとは思えない。ココアの仕組みは、検査陽性者が自発的に登録することによって初めて機能するものだが、すべての陽性者が登録を行なってくれるかどうかは大いに疑問があるからだ。

われわれはいま、国家による管理と個人の自由とのバランスをどのようにとるかという、究極の問題を突きつけられている。

ビッグ・ブラザーより強力なデジタル共産主義

イギリスの作家ジョージ・オーウェルは、小説『1984年』の中で、ビッグ・ブラザーという独裁者に支配される未来社会を描いた。

だが、国民の監視という非生産的な仕事に従事する人間が多数必要な国家がまともに機能するはずはない。実際、エマニュエル・トッド『最後の転落』(藤原書店、2013年)によると、トッドが「第4次産業」と呼ぶ警察的監視・抑圧活動に、ソ連の全労働者の5~10%が投入された。ソ連は、このために生産性が著しく低下し、崩壊したのだ。

しかし、AIを用いれば、ビッグ・ブラザーが行なおうとしたことは、ずっと効率的に実現できる。習政権はAIを活用して新しい統治システムを構築するだろうとの見方が強い。

第5章の4で述べた交通違反摘発システムや警察の監視カメラなどがその例だ。

さらに、インターネットの検閲によって、何を検索して誰と交信したか、どんな本を買ったかなどが分かれば、これまで外部からは分からなかった政治的思考が明らかになる。

それに加え、プロファイリングで得られた詳細な個人情報を政府が入手できれば、極めて詳細な個人情報を国家が得ることになる。政権転覆を計画している者を敏速に把握し、居場所を特定し、彼らが行動を起こす前に投獄できるだろう。

歴史上、これほど強い権力基盤を持った支配者はいなかった。これは、ビッグ・ブラザーを超える独裁者の出現だ。

これを「デジタル共産主義」あるいは「デジタル・レーニン主義（Digital Leninism）」と呼ぶことができる。

4

「国内ワクチンパスポート」を日本は導入できない

ワクチンパスポートという考え

本章の1で述べた中国の「健康コード」のようなものは、日本では到底受け入れられない。しかし、それとは別の方法によってある種の健康証明を行ない、それを用いてコロナ感染防止と経済活動再開の両方を実現することは、日本でも考えられなくはない。

コロナという強敵に立ち向かうのに、中国式の方式しかないのか？　それとも、民主主義の枠内で新しい手段の可能性が考えられるのか？　これは、日本にとって重要な問題だ。そこで以下では、米中対立と直接の関係はないが、この問題を考えることとしよう。

日本では、度重なる緊急事態宣言に人々が「慣れて」しまい、行動自粛を求めても、人々はそれに従おうとしない。それが感染爆発の原因になった。飲食店などが営業時短要請に従えば、経営が立ち行かなくなる。その半面で、時短要請に従わない店が繁盛するといった事態が生じた。緊急事態宣言と営業時短要請では効果がないことがはっきりした。

ところで、民主主義国家においても導入可能な、健康状態の表示の仕組みはある。それはワクチンパスポート、つまり、ワクチンを接種した証明書だ。

EUでは2021年7月からデジタル接種証明書の運用が始まった。これによって、入国する際の手続きを簡素化したり、隔離を免除するなどの措置を講じ、人々の国際間移動を促進しようとする。日本でも海外渡航者のためのワクチンパスポートの発行がなされている。居住している自治体に申告して証明書をもらう（ただし、これは紙の証明書）。

国内ワクチンパスポートで感染防止と経済活動再開を両立できないか？

右に述べたのは、国境を越える場合に用いる仕組みだが、国内用のものもある。

イスラエルでは、2021年2月から「グリーンパス」というワクチンパスポートが発行され、これによって接種を証明できればレストランなどに入ることができるとされた。感染者減少で6月に廃止したが、感染再拡大で再導入された。同様の制度が、イタリア、フランス、オーストリア、デンマーク、ラトビア、リトアニアなどで、実施または計画されている。

ところが、日本政府は、国内で利用するワクチンパスポートを発行する予定はないとしている。しかし、感染が爆発状態になり、これを食い止める有効な手立てがない状況では、ワクチンパスポートの国内活用はぜひとも検討されるべき手段だろう。

具体的には、ワクチン接種を国内ワクチンパスポートによって証明できる場合にかぎって、飲食店での飲食などを認める。あるいは、スポーツ観戦や観劇などを認めることとする。

経団連などからの要求もあり、政府は21年9月9日、国内ワクチンパスポートの発行を行なうと発表した。しかし、実際にこれを行なおうとすると、いくつかの障害がある。

プライバシーの問題をどう考えるか

ワクチンパスポートは、プライバシー保護の観点から望ましくないという意見がある。ここでいう「プライバシー」とは、ワクチンを接種したかどうかということであって、中国の「健康コード」で把握しているような個人の詳細な行動とは次元が違う。それでも、問題だという意見は当然ありうる。

実際、アメリカ連邦政府は、そのような立場からワクチンパスポートを発行しないし、求めないこととしている。国内はもちろん、国際的な場面においてもそうだ。

ただし、ニューヨーク州は独自のパスポート「エクセルシオールパス」を2021年3月下旬に発行しており、音楽やスポーツイベントの入場に使われた。

日本で国内ワクチンパスポートは発行できない

日本では、プライバシー問題についての合意がなされたとしても、なお大きな障害がある。なぜなら、政府が考えている国内ワクチンパスポートは、デジタル形式のもの、つまり、スマートフォンに接種証明を表示するものだが、これを利用するためには、スマートフォンを持っている必要があるし、政府のサイトにログインするとき本人証明が必要なので、マイナンバーカードを持っている必要があるからだ。しかし、スマートフォンを持っていない人もいるし、マイナンバーカードを持っていない人もいる。

この問題に対処するには、ワクチンを接種したときに用いた接種券を見せれば、それでよいと考えられるかもしれない。しかし、そういうわけにはいかない。

なぜなら、接種券に書かれている人間とその証明書を見せている人間が同一人物であるという証明ができない場合があるからだ。運転免許証や旅券、またはマイナンバーカードには、写真付きで住所・氏名が記されているから、それを接種済み証とともに見せれば、本人証明ができる。しかし、これらを持っていない人は、その接種済み証が自分のものであることを第三者に対して証明できない。健康保険証はすべての国民が持っているが、ここには写真がないので、本人のものかどうか証明ができない。

この問題は、ワクチンパスポートを利用したい人に対して、マイナンバーカードの取得を求めることによって対処できる。スマートフォンを持っている人はデジタル証明を利用できるし、持たない人は紙の接種済み証を提示し、マイナンバーカードで本人証明をすればよい。

ただし、それでも本質的な問題が残る。なぜなら、デジタルな証明書発行のためには、ワクチン接種記録システムであるＶＲＳを用いることになると思われるが、ここでは、マイナンバーが用いられているからだ。

マイナンバーの利用は、社会保障、税、災害対策と限定されている。ＶＲＳでの利用は、マイナンバー法の例外規定を適用して、例外的に可能となったものだ。ＶＲＳは国や自治体だけが利用できるものであり、利用主体が限定されている。しかも、ワクチン接種の管理は、国民の生命に関わる重大事だ。こうしたことから、例外的にマイナンバーの利用が認められているのだろう。

ところが、デジタル・ワクチンパスポートは、一般国民が利用するものだ。問題は、そのような拡張が認められるか否かである。最低限、法律改正が必要であると考えられる。では、そのような改正は、認められるだろうか？　それには大きな問題があると考えられる。

マイナンバーの用途が限定されているのは、それを国民管理の手段に用いられないようにするためだ。納税のためのｅ－Ｔａｘを使うのは任意であるし、社会保障制度はもともと年金番号などによって管理されている。したがって、こうした用途にマイナンバーを用いるのは認められると考えられる。災害対策が認められるのは、生命に関わる問題であるからだ。VRSでワクチン接種状況を正確に把握するのも、国民の生命に関わる問題だからだろう。

しかし、ワクチンパスポートの目的は、経済活動の再開である。それは、生命に関わることとはいえない。だから、ワクチンパスポートでのマイナンバーの利用は、これまで認められてきたものとは異質の利用だ。したがって、それを認めてよいかどうかについては、十分な国民的議論が必要だ。

5　中国は国際社会で孤立する

中国の賠償責任を問う声がアメリカで高まった

2020年春に、新型コロナウイルス感染拡大の責任は中国にあるとし、巨額の損害賠償を中国に求める動きが世界各地で広がった。

アメリカ中西部ミズーリ州の司法長官は、新型コロナウイルスの感染を拡大させたとして、中国政府に対し総額４４０億ドルに達する損害賠償を求める訴えを連邦地方裁判所に起こした。フロリダ州やテキサス州、ネバダ州などでは集団訴訟が広がった。

トランプ前大統領は20年4月17日の声明で、「中国政府の責任は多様な方法で追及されなければならない」と強調した。「その中にはアメリカが受けた被害への賠償金支払いも含まれる」とし、そのための「真剣な調査」を進めているとも述べた。そして、「新型コロナウイルスの感染拡大に対して、中国に巨額の賠償責任を問う」「この被害はアメリカだけに限らず、世界的なものだ」と述べた。

ドイツは中国との関係を見直す

同様の動きがヨーロッパにも起こった。

発行部数２２０万部でドイツ最大の日刊新聞『ビルト』は、２０２０年4月15日、新型コロナウイルスでドイツが受けた被害への賠償金として、中国政府に対して総額１６５０億ドルの賠償金を請求すべきだとする社説を掲載した。

メルケル首相（当時）は同月20日、「中国が新型ウイルスの発生源に関する情報をもっと開示していたなら、世界中のすべての人々がそこから学ぶ上でよりよい結果になっていたと思う」とし、中国が情報を隠したことを批判した。メルケル首相はこれまで中国に友好姿勢を示していたのだが、その姿勢を一転させたのだ。

ドイツ経済は、中国に強く依存している。とくに自動車産業がそうだ。フォルクスワーゲンの全世界での販売台数のうち、中国が約4割を占めている。ただし、それは経済関係に限定されたものであって、ドイツ国民は必ずしも中国に対して好意を持っているわけではない。新型コロナウイルスによる被害のあまりの大きさに、ドイツ国民の本音が出てきたと言えるだろう。

英仏でも対中批判が強まる

英保守系シンクタンクのヘンリー・ジャクソン協会は、中国当局の情報統制のために、多くの武漢市民が春節連休前に海外へ出たことが世界的な感染拡大を招いたと指摘し、主要7カ国（G7）だけで損害賠償額は3兆2000億ポンド（約430兆円）に達するという試算を公表した。

2020年4月のG7テレビ会議のあとで、米英仏の首脳は揃《そろ》って中国を批判した。コロナに感染して入院中だったボリス・ジョンソン英首相の職務を代行していたドミニク・ラーブ外相は、中国とはこれまでの関係を維持できないかもしれないと話した。

マクロン仏大統領は、中国が新型コロナウイルスの流行にうまく対処していると「ばか正直に信じてはいけない」と警告した。

中国は反発

コロナで命を失う恐怖。病院に行けないので持病が悪化する恐怖。仕事を失って所得が減り、生活を続けられないのではないかという不安。これほどつらい経験をしなければならない原因は、ひとえに中国政府にある。

これは、全世界の人々の率直な感情だろう。中国の国民でさえ、そう感じていることだろう。それを考えれば、これまで述べてきた動きはごく自然なものだ。

しかし、中国政府は、こうした声に理解を示すどころか、「まったくの不当な要求だ」と反論した。そして「自国の対策の不十分さを責任転嫁している」と主張した。「ウイルスはいかなる国にも出現する可能性があり、どの国で最初に蔓延《まんえん》しようとも法的責任はない。世界的な疫病のいくつかは最初にアメリカで広まったが、賠償を求めた国はない」とした。

確かに、法的責任はないだろう。しかし、コロナ感染の初期段階で中国が情報を隠蔽《いんぺい》しようとしたことは事実で、その責任は免れない。

中国政府は、責任がないとするだけでなく、ＳＮＳなどを通じて「感染の封じ込めに成功した」「西側諸国より統治システムが優れている」などと宣伝した。

分断された欧州に中国が救援の手を差し伸べる

中国は、さらに欧州各国でマスクなど医療物資を提供し、救世主として登場しようとした。これは「マスク外交」と言われた。

バルカン半島にあるセルビアでは、感染者が急増し、深刻な状況に陥った。しかし、ドイツやフランスはマスクの輸出を制限しようとしていた。これに対して、セルビアのブチッチ大統領は「ヨーロッパの連帯など存在しない。おとぎ話だった」と激しく非難した。

そこに支援の手を差し伸べてきたのが中国だ。2020年3月にセルビアの首都ベオグラードの空港に、中国から医療従事者やマスクなどの医療援助物資を載せたチャーター便が到着した。ブチッチ大統領は自ら空港まで出迎えて、「困ったときに助け合うのが真の友人だ。中国からの支援を忘れることはないだろう」と語った。

つまり、ヨーロッパが一致して反中国的になり、国際社会の中で中国が孤立するのかといえば、必ずしもそうではないのだ。

EU加盟国の中には、EUが何もできないことに失望し、中国への期待を高める国がセルビア以外にもある。とくにモンテネグロなどバルカン半島諸国は、一帯一路で中国のインフラ投資を受け入れており、中国との関係を強化している。

もっとも、マスク外交が全面的に成功したわけではない。不良品が多く、オランダ保健省は20年3月末、中国から調達したマスク60万枚をリコールしたと発表した。スペインやトルコに届いた中国製の感染検査キットは精度が低く、返品された。この場合には、マスク外交はかえって中国という国家への不信感を高めてしまったわけだ。

コロナ後の国際関係は大きく変わる

コロナを最初に抑圧できたのは中国だ。その国家原理は、自由主義社会の基本原理と相容れない。では、コロナ制圧のためには、自由を犠牲にしなければならないのだろうか?

そうではないだろう。コロナ後の世界では、対中批判が大きな趨勢《すうせい》になる可能性が高いと考えられる。これまで述べたように、欧州各国は、新型コロナウイルスによる医療危機や経済危機を通じて、中国との関係を大きく変化させている。事態は決して簡単ではないが、概して言えば、英独仏のように中国に対する不信感を強める国が増えるだろう。

私は『中国が世界を攪乱する』(東洋経済新報社、2020年)の「第12章　中国の未来」で、中国が未来世界の覇権国家になりうるか否かを問題とし、「中国は寛容性を欠くので、経済的にいかに強くなっても覇権国家にはなりえない」とするイェール大学のエイミー・チュア教授の意見を紹介した。コロナをめぐる中国の対応を見ていると、チュア教授の見解の正しさをますます強く感じる。

では、中国の孤立は、政治的な関係にとどまらず、経済的な国際分業関係にまで及ぶのだろうか？

中国の生産力に依存しない世界経済は考えられないが、米中の経済戦争が激しさを増すであろうことは間違いないと思われる。こうした中で、日本がどのような立場をとるのかをはっきりと決める必要がある。

6 コロナ研究所流出説は中国に不利

『ウォール・ストリート・ジャーナル』の衝撃的な報道

新型コロナウイルスが武漢の研究所から流出したとする説が、２０２１年5月に、にわかに注目を集めた。

きっかけは、21年5月23日、米紙『ウォール・ストリート・ジャーナル（ＷＳＪ）』の報道だ。米課報《ちょうほう》機関の未公開の報告書によると、19年11月、武漢ウイルス研究所の研究者3人が体調を崩し、病院での治療を求めたという。

同紙は6月4日の社説で、米国立衛生研究所（NIH）傘下の国立アレルギー・感染症研究所（NIAID）所長のファウチ博士と武漢ウイルス研究所との間に、「親密な関係」があったとしている（ファウチ博士はトランプ前政権とバイデン現政権でコロナウイルス対策の責任者）。NIHが武漢ウイルス研究所に研究助成をし、その資金を使って、コロナウイルスに遺伝子操作が行なわれた可能性があるというのだ。ファウチ氏は、公式には自然発生説を唱えているが、遺伝子操作を示唆する不自然な性質がウイルスにあったことを早い時期に認識していた疑いがある。

『ウォール・ストリート・ジャーナル』は、さらに6月6日付で、2人の有力科学者による「科学が武漢研究所からの流出を示している」と題する寄稿記事を掲載した。この記事は、「新型コロナウイルスは人工的に造られた怪物である」とし、その根拠として20年2月に発表された論文を挙げた。

この論文は、新型コロナウイルスに人工的操作の形跡があることを示している。新型コロナウイルスが人間の細胞に侵入する際に使われる突起物であるスパイクタンパク質は、中国で02年から発生したSARSウイルスのものと酷似しているが、一部に人工的な変更の跡がある。

これは、ウイルスの毒性や感染力を高めるための「機能獲得」という実験の結果だったとみられ、ゲノム編集の形跡があった。当時の武漢ウイルス研究所では、同種の研究が行なわれていた記録があるという。

もやは根拠のない「陰謀論」ではない

バイデン米大統領は、２０２１年５月26日、新型コロナウイルスの起源について追加調査し、90日以内に報告するよう情報機関に指示した。

新型コロナウイルスの起源をめぐっては、世界保健機関（ＷＨＯ）が21年３月30日に、報告書を発表している。同報告書は、新型コロナウイルスの研究所流出は極めて低いと結論づけている。この報告書は、21年１月14日から２月10日までの間、ＷＨＯなどから派遣された各国の専門家と中国の専門家が武漢で行なった調査をもとにまとめられたものだ。

研究所流出説はトランプ前大統領が主張していたものだ。だが、主要メディアは、これを根拠のない「陰謀論」と一蹴していた。そして、バイデン政権や民主党支持の大手メディアは、中国が主張する自然発生説を支持していた。

その状況が大きく変わったわけだ。バイデン政権がジャーナリズムの報道を誘導したのだろうか？　それとも『ウォール・ストリート・ジャーナル』のスクープにバイデン政権が反応しているのだろうか? 『ウォール・ストリート・ジャーナル』の報道後わずか2日で政権が反応していることを見ると、前者の可能性が高い。

フェイスブックはこれまで、研究所流出説をフェイクニュースだとして投稿を禁止していたが、バイデン政権の決定を受け、この措置を解除した。また、『ウォール・ストリート・ジャーナル』だけでなく、『ニューズウィーク』などアメリカの大手メディアも研究所流出説を取り上げた。

立証されなくても中国に不利

本章の5で述べたように、2020年4月から5月頃、新型コロナウイルスの感染拡大で甚大な損害を受けたとして、中国に損害賠償を求める動きが世界各地で広がった。こうした動きは、その後、弱まった。しかし、研究所流出説が力を増すと、復活するかもしれない。

実際、トランプ前大統領は、21年6月5日の州共和党大会で、「新型コロナウイルスが研究所由来の人工ウイルスだとする説を早くから指摘していた」と述べ、その先見性を強調した。また、大統領在任中は「世界各国とともに中国に少なくとも10兆ドルの賠償金を請求するつもりだった」と明らかにした。

情報機関が実施した調査の結果をまとめた報告書が、21年8月27日に、アメリカ国家情報長官室によって明らかにされた。

4機関と国家情報会議（ＮＩＣ）は、動物との接触による自然発生の可能性が高いとした。しかし、1機関は研究所流出説を支持し、「おそらく中国科学院武漢ウイルス研究所での実験や動物の飼育や見本抽出などを通じて流出した」とした。残る3機関は、結論が出せなかった。結局のところ、発生源を特定するには至らなかった。

ただし、研究所流出説が、陰謀や人騒がせのデマでないと確認されたのは重要なことだ。なお、7月15日にＷＨＯのテドロス事務局長は、記者会見で「中国の武漢ウイルス研究所から新型コロナウイルスが流出した説を排除できるのは、十分な情報が得られたあとである」と主張した。

中国の協力がない調査は決め手を欠く。前記の報告書を受け、バイデン大統領は、8月27日、中国に情報提供するよう、重ねて要求した。

この問題について、これまで中国は説得力のある反論をしていない。それだけでなく、問題の解明に必要な協力もしていない。中国が責任ある国際的行為を行なえば、つぎの感染爆発も防げるだろうが、それができない。

こうした論争を世界各国はどう判断するのだろうか？　中国に対する印象は悪化するだろう。これは、中国にとって大きなマイナスだ。それは将来の米中バランスに重大な影響を与えるだろう。

米中対立が第三段階に

以上で述べたことは、米中対立が新たな段階に入ったものと解釈できる。米中対立は、制裁関税に始まり、さらにハイテク企業への制裁にエスカレートしてきた。それが国家体制の理念をめぐる第三段階に入ったのだ。

いま、中国に対して、国際社会で責任ある行動をとれる国家なのか、その言動は信用できるものなのかという基本的な問いが突きつけられている。国を信用できるかどうかは、国際的な経済活動では決定的に重要だ。とくに、金融ではそうだ。

デジタル人民元のような高度の技術を持ちながら、人民元は信用されない。だから、国際決済通貨として広く使われることはない。こうした問題が、これからますます強く問われることになる。

第7章のまとめ

・中国が新型コロナウイルスを制御できたのは、「健康コード」を使ったためだ。ここに見られるように、「デジタル共産主義」が現実のものとなりつつある。
・これはプライバシー保護の点で問題があり、日本では真似することができない。しかし、ワクチンパスポートを国内で使えば、似た効果を期待することができる。ところが、日本では本人確認制度が不完全であるため、これを導入できない。
・2020年の春、中国に対して新型コロナウイルスの賠償を求める動きが全世界で広がった。中国はマスク外交で挽回を図ったが、成功していない。
・コロナ研究所流出説は根拠のない「陰謀論」ではない。中国が調査に協力しないので、決定的な証拠は得られなかった。しかし、中国が協力しないこと自体が、中国に対する不信を深めている。

第8章
2050年の日米中はどうなる？

1

先進国と中国の人口が減り、インドの人口が増える

長期予測の必要性

これまでの章では、比較的近い将来を視野において、米中関係を見てきた。

しかし、米中対立の行方を考えるには、長期的な経済見通しを考慮に入れる必要がある。なぜなら、長期的な経済成長の違いによって、生産拠点や市場としての意味が変化し、貿易構造が大きく変わることもあるからだ。

この章では、より長期間の世界を見ることとする。ここでは、米中のみならず、日本も含めて、全世界の状況を見る。

言うまでもないことだが、将来の世界は大きな不確実性に包まれている。景気変動などの経済的ショックがあるし、大規模な自然災害もある。長期的に見れば、技術革新とその普及など、予測困難な要素は数多くある。

また、「予測の自己実現効果」ということもある。のちに述べる人口構成の観点などからある国の将来の成長率が高くなると予測されると、その国に対する投資が積極的に行なわれ、実際にその国が成長するということも考えられる。

長期予測のほうが簡単な面も

ところで、数カ月から数年先といった短期の予測と、数十年もの期間にわたる長期の予測を比べた場合、一見したところ、長期の予測のほうが難しいように思われる。遠い将来ほど、不確実な要因が多くなるからだ。

そうした側面は確かにある。しかし、経済的事象についていうと、短期的な予測のほうが難しい場合もある。短期的な変動はランダムな要因によって引き起こされる場合が多いからだ。ある程度以上の期間をとれば、ランダムな要因による短期的な変動は平準化され、長期的な趨勢だけが問題となる。そして、長期的な趨勢のほうが予測しやすい面もある。

この章では、数十年程度の単位での長期予測を考えることとしよう。企業や政府、そして個人は、20年、40年先の世界を見ながら、計画を立てて行動する必要がある。

人口動向が大きな影響

長期予測の基礎となるのは、人口推計だ。人口はさまざまな経済活動の基礎となるため、人口の長期予測なしに長期経済予測を行なうことはできない。

また、人口予測は最も確実な予測だ。例えば、20年後の社会を考える場合、その時点での20歳以上の人口はすでに生まれているのだから、かなり正確に予測できる。ただし、出生率や平均寿命に予測誤差があることには注意しなければならない。

ヨーロッパや日本では、若年者人口の増加率が低い（あるいはマイナス）ので、経済成長率は低くなる。

中国はどうか？　中国国家統計局（NBS）が2021年5月11日に発表した「2020年国勢調査」によると、中国の人口増加ペースがこれまでになく鈍化している。人口の年平均増加率は、00年から10年までは0・57％だったが、過去10年は0・53％に鈍化した。合計特殊出生率は1・3人となり、人口を安定して維持するために必要な最低水準である約2・1人を大きく下回った。

中国共産党は、21年5月31日の政治局会議で、第三子を容認する方針を示した。中国は「一人っ子政策」を16年に廃止したが、それでも出生率が改善していないからだ。

労働力人口が減少傾向にあることも明確になった。労働力人口は10年の国勢調査より

4000万人減少した。

中国は現在も8億8000万人という巨大な労働力を抱えてはいるが、今後も減少が続けば、経済構造に大きな影響が及ぶ。

世界人口は100億人を超え、インドが最大人口国になる

いくつかの長期人口推計が行なわれている。その中で、国際連合が「World Population Prospects 2019」で行なっている世界各国の将来人口の推計は、極めて詳細なものだ。

世界総人口は、2020年の77・9億人から60年の101・5億人へと、約1・3倍に増加すると予測されている。

60年の人口を20年と比べると、高所得国では1・04倍でほとんど変わらないのだが、低所得国では2・22倍にもなる。20年から60年への増加数で見れば、全世界人口の増加数約24億人のうち、半分以上の14億人が中所得国で生じる。

地域別に見ると、アフリカの人口が16億人の増加（2・2倍の増加）だ。他方、ヨーロッパの人口は減少する。

国別に見ると、20年に14・4億人で世界最大の人口国である中国の人口は、31年に14・6億人でピークになり、その後は減少する。40年で14・5億人、50年で14・0億人、60年で13・

3億人になる。そして、2100年では10・6億人になる。2020年から4億人近くも減少することになる。

前述した最近の出生率動向を考えると、中国で人口減少が始まる時期は、前倒しになるかもしれない。

中国に代わって世界最大の人口国となるのはインドだ。若年者人口の増加率が高いので、経済成長率が高くなると予測される。

日本の人口は減少を続け、60年には1億人を下回る（20年に比べて22％の減少）。アメリカの人口は増加を続け、60年に3・9億人と、20年より18％ほど多くなる。2100年には4・3億人となる。2020年から約1億人増えるわけだ。

イギリスの人口は11％増、フランスはほぼ不変、ドイツは7％減だ。

低所得国での人口増加が著しいため、食糧事情で問題が起きることも懸念される。かつてマルサスは『人口論』で、食糧などの生活資源の生産は土地の存在量で規定されるため、何もしなければ、食糧増産ペースより人口増加のペースのほうが速くなると考えた。そのため、人口増加を抑制する必要があると論じた。

幸いなことに、これまで人類は、生産能力を拡大することによってその危機を回避し続けてきた。しかし、今後の数十年間においては、その問題が現実化する危険を否定できない。

人口ボーナスから人口オーナスへ

人口については、その総数だけでなく、年齢別の構成が重要だ。人口動態が経済成長にどのように影響するかを見るために使われるのは、生産年齢人口の伸び率だ。

人口ボーナス（demographic dividend）という概念がある。人口ボーナス期とは、労働力増加率が人口増加率よりも高くなり、その結果、総人口に占める労働力人口の比率が上昇して、経済成長が促進される期間だ。

それに対して、従属人口の比率が相対的に上昇して、経済成長が妨げられることを、人口オーナス（demographic onus）という。ここで言う従属人口とは、若年人口（15歳未満）と高齢者人口（65歳以上）の総数だ。

「人口ボーナス指数」は、生産年齢人口÷従属年齢人口によって表される。ここで言う生産年齢人口とは、15~65歳の人口だ。これがピークアウトすると、経済成長は鈍化する。

先進国と中国は、すでに人口オーナス期に入っている。２０３０年にかけては、ＡＳＥＡＮ諸国の多くも人口オーナス期入りすると見込まれる。その結果、これらの国の成長率が低下することが予想される。とくに、中国の経済成長率の低下幅は大きい可能性がある。

これに対して、労働力人口の増加が継続すると見込まれるインド、フィリピンでは、高い成長率が期待される。

ただし、実際の経済成長がどうなるかは、人口以外のさまざまな要因によっても影響される。労働力人口増加率が高くても、就学率や識字率が低ければ、経済成長は実現できないだろう。逆に、高所得国が技術革新を続けて、より豊かになるという可能性は十分にある。

将来の世界を規定するシナリオとして、つぎの二つが考えられる。第1は、高所得国の技術開発が主導するシナリオ。第2は、労働力の人口増が著しい低所得国が、中所得国や高所得国に追いついていくというシナリオだ。この二つのいずれが支配的になるかが、今後の世界の姿を決める。

この問題を考える際に、先に述べた「予測の自己実現効果」は重要な役割を果たすだろう。つまり、将来の成長率が高いと考えられる国には投資が集まり、実際に高成長が実現するということがあるだろう。

ただし、こうしたことが実現できるかどうかは、国際的な資本移動がどのような制度や仕組みで行なわれるかにも大きく影響される。経済成長予測の具体的な数字は、あとで見ることとする。

また、経済動向に影響するのは人口だけではない。それとともに、国民の教育水準や技術進歩などが大きな影響を与える。このようにさまざまな要因が絡み合っているので、経済の予測は容易なことではない。

人口オーナスが最も顕著な形で現れるのが日本だ。生産年齢人口の伸び率は、日本では2000年代からすでにマイナスだったが、今後もその傾向が続く。

日本の人口構成を人口ピラミッドの形で見ると、現在は70歳くらいと45歳くらいにピークがあるが、40年には「頭でっかち」の逆ピラミッドになる。60年には「頭でっかち」の度合いがもっと顕著になる。

そしてこうした傾向は、出生率が高まったとしてもあまり変わらない。このことが、日本の将来の労働力や社会保障制度などを考える際に重大な意味を持つ。

2 世界経済の中心は欧米から中印へ

インドの成長率が高くなる

今後20年から40年間の期間にわたって、世界経済はどのように変化するだろうか?　経済規模や豊かさは、現在とはどのように変わるだろうか？

これには、まず人口動向が大きな影響を与える。前節で述べたように、若年者人口の増加率が高ければ労働力の増加率が高くなるので、経済成長率が高くなる。逆であれば逆になる。

ヨーロッパや日本では、若年者人口の増加率が低い（あるいはマイナスになる）ので、経済成長率は低くなるだろう。中国も経済成長率が低下するだろう。それに対して、インドでは、若年者人口の増加率が高いので、経済成長率が高くなると予測される。

ただし、経済動向に影響するのは、人口だけではない。前述したように、国民の教育水準や技術進歩などが大きな影響を与える。アフリカ諸国では、若年者は増えても、経済発展につながるかどうか分からない。かえって貧困化が進行することも考えられる。

日本の比重は低下し、インドの比重が上昇

以下では、ＯＥＣＤ（経済協力開発機構）が行なった長期経済予測を参考にして、２０６０年までの世界経済を考えることとする。

世界の実質ＧＤＰは、20年から40年の間に１・72倍になり、20年から60年の間には２・62倍になる。年平均成長率で見ると、20年から40年の間では２・74％、20年から60年の間では２・44％になる（図表８‐１参照）。

図表8-1　自国通貨建て実質GDPの将来推計

	倍率		年平均成長率(%)	
	2040／2020	2060／2020	2020~2040	2020~2060
世界	1.72	2.62	2.74	2.44
OECD	1.44	2.11	1.84	1.89
OECD以外	2.01	3.15	3.54	2.91
ユーロ	1.33	1.92	1.43	1.65
日本	1.25	1.58	1.11	1.15
アメリカ	1.41	2.10	1.75	1.87
中国	1.87	2.51	3.19	2.33
インド	2.85	5.59	5.38	4.40

（資料）OECDの推計に基づき筆者作成

ＯＥＣＤ諸国とそれ以外の国を比べると、いずれの期間においても、ＯＥＣＤ諸国の成長率がそれ以外の国より低くなっている。そして、ユーロ諸国の成長率は、ＯＥＣＤ諸国よりもさらに低くなっている。このように、高所得国の成長率が比較的低いため、世界経済の中での比重は低下することになる。

国別の状況を見ると、日本の成長率は、右に見たユーロ諸国の成長率よりさらに低くなっている。このため、世界経済の中での日本経済のシェアは大きく低下することになるだろう。

アメリカの成長率は、世界全体の成長率よりは低くなっているが、ＯＥＣＤ諸国の平均成長率とほぼ等しく、ユーロ諸国の成長率よりは高くなっている。このため、高所得国の中でアメリカのシェアは上昇することになるだろう。

つぎに中国を見ると、20年から40年までの期間においては、成長率は世界全体の値より高くなっている。したがって、世界経済における中国の比率は高まるだろう。ＯＥＣＤ諸国やユーロ諸国、あるいは日本と比べると、成長率はかなり高くなっている。したがって、現在の高所得国に対する中国のＧＤＰの比率はかなり高まるだろう。

ところが、20年から60年の間の中国の成長率は、20年から40年の間の成長率よりかなり低くなり、全世界の平均値より低くなっている。これは、少子化の影響で中国の経済成長率が鈍化することを示している。

なお、21年３月の中国の全国人民代表大会（全人代）で、「国民経済・社会発展第14次５カ年計画と２０３５年までの長期目標要綱（草案）」が発表された。しかし、具体的な数値目標は設定されなかった。ただし、今後は人口の減少や経済の成熟に伴って、成長率が次第に鈍化すると見込んでいると思われる。

インドの成長率は、いずれの期間においても世界全体の成長率よりかなり高くなっている。これは、インドで若年層人口の増加率が高いことの結果だ。このため、世界経済におけるインドの地位は高まるだろう。

3　中国が世界一の経済大国になるが、豊かさではアメリカの半分以下

2050年の経済大国は中印米

長期世界経済の予測としては、2017年にイギリスのコンサルティング企業PwCが行なった推計もある。

これによると、世界経済は11年から50年の間に平均3%で成長する。欧米日などの先進国は2%程度、中国を含む新興国が4%程度だ。

中国の経済規模は、購買力平価（PPP）換算で見ると、17年ですでにアメリカを抜いて世界最大だ。市場為替レート（MER）換算では、27年までにアメリカを抜いて世界最大になると予想される。

50年におけるPPP換算のGDPを見ると、アメリカが約38兆ドルであるのに対して、中国は約54兆ドルとアメリカの約1・4倍になる。

なお、50年までには、インドが世界第3位の「経済大国」となる。また、ブラジルが日本を抜いて第4位になる。日本のGDPは約8兆ドルだ。これは中国の7分の1でしかない。

中国は輸出志向経済から消費主導経済に移行

PwCの報告書は、2040年代になっても中国の成長率は年3～4％前後を維持し、アメリカやEUの成長率をはるかに上回ると予測している。

高齢化が進んで労働力人口が減少するため、今後は労働生産性の向上が成長の主な原動力となる。

AIによる省力化、自動化などがますます重要な意味を持つようになる。ITやバイオテクノロジーなどの分野はさらに大きく進歩するだろう、そしてこの分野で中国やインドの役割が拡大すると、PwCの報告書は予測する。

実質労働コストの上昇によって、中国は輸出志向経済から消

【キーワード】購買力平価と市場為替レート

購買力平価（PPP）で換算したGDPは、平均生活水準を示す指標だ。他方、市場為替レート（MER）に基づくGDPは、短期的な観点から相対的な経済規模を測定する尺度として適している。

一般に物価水準は新興国のほうが低いため、PPPに基づくGDPでは、MERを使用した場合よりも先進国との所得格差は縮小する。国内物価水準の上昇、または名目為替レートの上昇によって、新興国の実質為替レートはPPPに向けて上昇する傾向がある。

費主導経済に移行する。

外国企業の多くは次第に中国から流出し、ベトナムやインドネシアのような低コスト国へと向かうだろう。こうして、中国に対する依存度は低下すると、ＰｗＣの報告書は予測している。

賃金上昇によって脱中国化が起こるとは昔から言われてきたことだ。しかし、実際には、第３章で見たように、そうなってない。

それは、中国ではサプライチェーンが発達しており、これを他国では容易に代替できないからだ。それを考えると、ＰｗＣが予測するような中国依存度低下が、実際に起こるかどうかは確かでない。

２０５０年に豊かな国は米欧日

人口が多い国のＧＤＰが大きくなるのは当然だ。だから、中国やインドのＧＤＰが大きな値になるといっても、それはさして驚くべきことではないと言えるかもしれない。

経済的には、１人当たりＧＤＰが重要だ。これは、その国の豊かさを示す指標だ。

ＰｗＣの報告書によれば、２０５０年において１人当たりＧＤＰの世界首位はアメリカであり、９万ドルに近い。それに続くのが、カナダ、フランス、イギリス、ドイツ、そして日本だ。

その一方で、中国、ブラジル、インドネシア、インドなどの新興国は低位にとどまる。

ただし、新興国グループと先進国グループの1人当たりGDPの格差は大幅に縮小する。中国の1人当たりGDPは、11年にはアメリカの18％にすぎないが、50年には44％にまで上昇すると予測されている。

なお、20年3月の全人代では、「2035年に1人当たりGDPを中等先進国の水準に」との長期目標が公表された。

このように、1人当たりGDPで見れば、中国もインドも60年になっても日本の水準より低いままだが、日本との差が縮小することは間違いない。

これによって、高度な専門家を日本に呼べないといった問題が生じる可能性がある。それだけではなく、一般に外国人労働者の確保の点で日本が困難な状態に直面する可能性もある。

中国を含む新興国の所得水準が上昇する一方で、先進国の年成長率が2％程度でしかないため、西側諸国の企業は新興国市場への関心をさらに強めていく。ただし、将来も欧米諸国の消費者は裕福であるため、欧米諸国は付加価値の高い商品やサービスの魅力的な市場であり続ける。したがって、欧米企業は自国市場を放棄しないだろうと、PwCの報告は予測している。

もっとも、中国の富裕層は、数からいえば日本やヨーロッパ諸国の富裕層よりも多い。それを考えると、PwCの予測どおりになるかどうかは疑問だ。

なお、経済が成熟するにつれて、投下資本利益率は低下する可能性がある。国営企業が重要な役割を果たしている中国やインドでは、とくにこれが大きな問題となる。

第8章のまとめ

・米中対立の行方を考えるには、長期的な経済見通しを考慮に入れる必要がある。長期予測の基礎は人口の予測だ。先進国の人口は減少する。中国の人口は2031年頃から減少に転じる。これらの諸国は人口オーナス問題に直面することになる。一方、インドの人口は増えて、世界最大の人口国となる。若年者人口の増加率が高いので、経済成長率が高くなる。

・中国のGDPは今後も高い成長率を続け、世界経済における比率を高める。2027年までにアメリカを抜いて世界最大の経済大国となる。インド、ブラジル、日本が、アメリカに続く。

・労働コストが上昇するので、中国は輸出志向経済から消費主導経済に移行する。外国企業は中国から流出し、ベトナムやインドネシアのような低コスト国へと向かう。こうして、中国に対する依存度は低下する。

・1人当たりGDPで見ると、西側諸国の水準が依然として高い。中国の豊かさはアメリカの半分以下だ。

もっとも、日本との差が縮小することは間違いないので、高度な専門家を日本に呼べないといった問題が生じる可能性がある。

第9章

米中の世界戦略と日本がとるべき道

1 中国が香港弾圧を強化すれば経済面で大きな痛手を被る

中国は香港の民主化運動の弾圧を強めている

２０２１年６月24日、香港最大の民主派新聞「アップルデイリー（蘋果日報《ひんか》）」が廃刊となった。中国当局による香港民主化運動の弾圧がついにここまできたかと、全世界に衝撃を与えた。

１年前の６月、中国の全国人民代表大会常務委員会は、香港での反政府的な動きを取り締まるための「香港国家安全維持法」を全会一致で可決した。これは、「一国二制度」を踏みにじるものであり、中国はいずれ香港を併合してしまうのではないかとの懸念が広がった。

その後の動きを見ると、警察は同法を使って、活動家や民主派の元立法会議員などを相次ぎ逮捕し、収監した。そして、アップルデイリー廃刊事件だ。１年前の懸念は的中しつつあるように思われる。

では、中国共産党は、このままましぐらに香港併合に向けて進むのだろうか？　経済活動の側面から見ると、それは極めて難しいと考えられる。なぜなら、香港は中国経済のために不可欠な役割を果たしており、併合してしまえば、その役割を果たせなくなるからだ。

香港には関税を軽減する

では、香港は中国にとってどのような役割を果たしているのか？　これには、貿易の側面と金融の側面がある。まず、貿易面を見よう。

２０１９年において、中国の輸出相手国の第1位はアメリカ（４１８６億ドル。中国輸出総額の17％）だが、第2位は香港だ（２７９７億ドル。同11％）。これは対日、対韓の合計（同10％）より多い。

通信設備、コンピュータ設備、集積回路設備などが中国から香港に輸出されている。もちろん、これらは香港で使われるわけではない。中国の製品は、香港に持ち込まれたあと、世界各地に輸出される。つまり、香港は中国の対外貿易の中継点になっているのだ。19年の香港の輸出総額は５３５７億ドル。うち対米が３９１億ドルだ。

なぜこうしたことをしているのか？　香港からの輸出とすれば、関税を軽減できる場合があるからだ。

とくに重要なのが、アメリカの「香港政策法」（1992年成立。1997年7月1日に、香港の中国返還と同時に効力が発生）だ。これは、中国製品に課している関税を、香港には適用しないという優遇措置だ。

米中貿易戦争によって中国の多くの対外貿易が阻害されたとしても、香港というパイプがあれば、中国は多くのことをすり抜けられる。香港は中国にとっての合法的な「貿易障壁の抜け道」なのだ。

これを見直されると、中国経済には大きな打撃になる。そして、後述するように、アメリカでは見直すべきだという動きが実際に生じている。

香港が果たす金融面での役割

金融面において香港が果たす役割は、もっと本質的でもっと重要だ。

中国では強い資本規制が実施されており、当局が金融市場や銀行システムに介入する。しかし、香港には資本規制がない。香港市場は、世界有数の自由で開放的な市場だ。このため、中国企業は、香港の株式市場や債券市場を利用して、外国資金を呼び込むことができる。

外国企業は、中国大陸に進出する際に、香港を足掛かりにする。外国から中国への直接投資も、中国から外国への直接投資も、大半は香港経由で行なわれる。

１９９７年に中国が香港の管轄権を回復して以来、香港は何兆ドルもの資金調達を行ない、中国と世界をつなぐパイプ役となってきた。

ＩＰＯによる資金調達は香港で

資金調達の第1の形態は、新規株式公開だ。工商銀行などの国有企業も、ＩＴ大手のテンセント・ホールディングス（騰訊控股）などの民間企業も、大手中国企業のほとんどは香港に上場している。

最近では、すでに米国市場で上場を果たした中国企業が香港で上場する動きもある。アリババ（阿里巴巴）集団は、２０１４年にニューヨーク証券取引所でＩＰＯを実施したが、19年11月に香港への重複上場を果たした。20年6月には、インターネットサービス大手のネットイース（網易）やネット通販大手のＪＤドットコム（京東集団）も相次いで香港に上場した。そして、米ナスダック市場に株式を上場する中国ＩＴ大手のバイドゥ（百度）は、21年3月、香港証券取引所にも上場した。重複上場はバイドゥで15社目になる。

21年7月に起きたディディ（滴滴）のＩＰＯ直後の当局による規制強化事件に見られるように、中国当局は、中国企業がニューヨーク市場で新規上場するのを制限する方針だ。そうなると、香港市場の役割はさらに増すだろう。

リフィニティブのデータによると、18年の中国企業による新規株式公開（ＩＰＯ）を通じた資金調達額は６４２億ドルであり、世界全体のＩＰＯ総額のほぼ３分の１を占める。そのうち、香港市場の上場での調達額は３５０億ドルだ。それに対して、上海と深圳は１９７億ドルにとどまる（Reuters, 2019.9.5）。

また、香港ドルは米ドルに連動しているため、国際決済通貨で資金調達できることになる。香港市場への上場は、外国企業の買収や国外投資に向けた国際決済通貨を入手できることを意味するのだ。

中国企業はまた香港を通じて、銀行の融資および社債の発行という形で多額の資金を借り入れている。中国企業が昨年海外市場で行なったドル建て起債１６５９億ドルのうち、33％を香港の債券市場が占めた（Reuters, 2019.9.5）。

香港の役割は上海や深圳では代替できない

香港の経済規模は、２０１８年では中国大陸の2・7％程度であり、１９９７年の18・４％に比べれば低下している。しかし、表現の自由や、独立した司法が保障する国際金融センターとしての地位は、中国のほかの都市によって代替することはできない。

香港には公平で非政治的な性格を持つ欧米型の法・規制制度があるために、中国内外の金融・ビジネス関係者が取引を行なう場所として選ばれている。法の支配、有能な規制当局、低い税率、自由な資本移動、英語の使用といった面で、香港は中国本土の都市との違いが際立っている。

上海市場と深圳市場は、以前に比べれば利用しやすい市場になったと言われる。しかし、投資家は、香港における法的保護のほうが望ましいと考える。上海市場でさえ、近い将来に香港の役割を果たすことはできないだろうと言われる。

中国軍が乗り出せば香港の地位は傷つき、中国は深刻なダメージを受ける

こうした仕組みを運営できるのは、「一国二制度」という独特の統治制度があるためだ。この制度の下で、香港には中国本土にはない表現の自由や独立的な司法などの自由が保障され、中国政府とは別個に国際的な経済取引に関する協議を行なえる地位を手にしてきた。これが保障されないことにな

【キーワード】一国二制度

香港は150年以上にわたってイギリスの植民地であったが、1997年、中華人民共和国に返還された。「返還から50年間は、香港には社会主義を実施せず、資本主義・自由主義を維持する」という「一国二制度」の下で、特別行政区になった。

首長である香港行政長官は、職域組織や業界団体の代表による間接、制限選挙で選出され、中華人民共和国国務院が任命する。立法会の議員は、半数が直接、普通選挙によって選出され、残り半数は各種職能団体を通じた選挙によって選出される。

れば、「安定した国際金融センター」「世界から中国本土への投資の玄関口」という香港の地位は深刻なダメージを受ける。

貿易面でもそうだ。アメリカが香港に対して「香港政策法」で特別扱いをしてきたのは、香港が中国政府から独立していると判断してきたためだ。それが保障されなければ、アメリカが同法を修正することはありうる。

トランプ政権時代の2020年5月、ポンペオ国務長官（当時）は、香港がもはや中国本土からの自治を維持していないと判断していると議会に伝えた。そして、トランプ前米大統領は、20年7月、香港への優遇措置を撤廃する大統領令に署名した。一部の米上院議員は、「香港政策法」を修正し、香港を中国本土と別の関税エリアにする扱いを変更する意向を示唆している。

中国政府が今後も香港で強権的な弾圧を続けるなら、海外の投資家は、香港を捨て、シンガポールなどの信頼度が高い金融センターに取引を移す可能性がある。そうしたことが起きれば、中国経済にとって極めて大きな打撃となるだろう。

2 台湾有事？　しかし中台経済関係は極めて緊密

台湾防衛に舵を切ったバイデン政権

２０２０年1月の台湾総統選で、対中強硬路線をとる民進党の蔡英文《ツァイインウェン》総統が再選された。蔡氏はアメリカとの関係強化に動き、台湾の中国離れが加速すると考えられた。

アメリカは、１９７９年に台湾と断交して以来、「台湾関係法」に基づいて台湾の安全保障を支える一方で、「戦略的曖昧性（Strategic Ambiguity）」を政策の基礎としてきた。これは、アメリカがいつ、どのように台湾の防衛に介入するかを曖昧にすることによって、中国、台湾の両政府による冒険的行為を抑制するという政策だ。

しかし、バイデン政権は、これまで40年間続いたこの政策を転換し、「台湾の防衛を支援する」という方針へと舵を切った。

21年4月には、日米首脳会談を受けた共同声明で、「台湾海峡の平和と安定の重要性を強調するとともに、両岸問題の平和的解決を促す」と明記した。6月13日に閉幕した主要7カ国首脳会議（G7サミット）でも、同じ文言が盛り込まれた。

戦闘機の下を貨物船が行く

軍事的には、台湾海峡は一触即発の緊張した場だ。2021年3月に、米上院軍事委員会の公聴会で米インド太平洋軍のデービッドソン司令官が「6年以内に中国が台湾を侵攻する可能性がある」と証言したこともあり、最近では「台湾有事か？」という記事をよく見かけるようになった。

しかし、経済的に見ると、中国と台湾は緊密につながっている。19年の台湾の対中輸出は918億ドルだった。20年には過去最高の1025億ドルで、輸出全体の30％を占めており、輸出先として最大だ。19年の中国からの輸入は574億ドル、20年には636億ドルになった。輸入総額の22％を占めており、輸入先として最大だ。

このところ、中国軍の戦闘機や核搭載可能な爆撃機などが、台湾の防空識別圏（ADIZ）に侵入する事件が続いている。その機数もどんどんエスカレートしていく。そのたびに台湾軍機が緊急発進する。

だが、その下では、貨物を満載した貿易船が行き来しているのだ。こうした光景は、われわれにはなかなか理解しにくい。

1970年代から始まっていた「両岸関係」

中国と台湾の関係を、中国や台湾では「両岸関係」と呼ぶ。その歴史的な過程を振り返ってみよう。

台湾では、第2次世界大戦後、長期にわたって戒厳令が敷かれていた。1970年代の末、経済成長に伴う人件費の上昇や台湾ドル高などに苦しむ台湾企業は、台湾政府の厳しい規制をくぐり、香港などを経由して対中投資や貿易を始めた。これは、戒厳令の厳罰を覚悟しての行為だ。

李登輝総統時代の87年に戒厳令が解除され、それまで水面下で行なわれてきた台湾の対中貿易が非合法ではなくなった。ただし、台湾政府は、両岸経済交流を「間接方式」に限定した。これは、香港または第三国経由で行なうことだ。それでも、両岸貿易と投資は加速した。

台湾の対中投資は第三国を経由

中国は、対外開放の一環として、1978年から外資導入政策を開始した。

93年からは投資規模が拡大し、中国は世界第2位の直接投資受け入れ国となった（第1位はアメリカ)。2001年末の中国のWTO加盟によって、海外企業の進出が拡大し、直接投資がさらに増加した。現在では、中国は世界一の投資受け入れ国だ(第6章の6参照)。

ただし、台湾からの対中直接投資は、統計で十分に捕捉できない。なぜなら、台湾企業の中国への投資は、第三国・地域を経由するからだ。従来は、香港やシンガポール経由が主流だった。1997年の香港返還後は、英領バージン諸島、ケイマン諸島などの中米のタックスヘイブン(租税回避地)を経由することが多くなった。

これらの投資は、台湾系の資本であることが表面上は分からない形で中国に投資されている。これを考慮すると、台湾は実質的には最大の対中投資国であろうとされている。

台湾のホンハイが深圳に巨大工場

台湾経済を牽引してきたのは、アップルなどグローバルIT企業の機器生産を担う台湾の国内企業だ。その多くは、中国に生産拠点を築くことで成長してきた。

その代表が、ホンハイ(鴻海精密工業)だ。同社は世界最大のEMS(Electronics Manufacturing Service:電子機器の製造を請け負うメーカー)であり、売り上げでも世界最大の製造業企業だ。

ホンハイは郭台銘《かくたいめい》(英語名テリー・ゴウ)が1974年に創設した。85年、フォックスコン

（Foxconn）のブランドを創立。88年に中国に進出し、深圳経済特区に最初のフォックスコン工場を設立した。

山の頂に立って「いま見える範囲の土地をすべて手に入れよ」と言ったというエピソードがある。「国交関係がない中国で、台湾企業がどうしてこのようなことができるのだろう?」と、以前から不思議だったのだが、これも第三国・地域経由の投資だったのだろう。そして、深圳のフォックスコン工場は、従業員45万人というお化けのような巨大工場となった。

そのほかの台湾企業も90年代から中国に進出した。

「利益を譲り、恩恵を与える」という中国の両岸政策

以上のように、台湾経済は、１９８０年代末以降、貿易と直接投資を通じて中国経済との連携関係を深め、それによって経済成長を実現してきた。

中国は、台湾との経済関係を深め、その対中依存度を高めて台湾の独立を阻止し、中台統一に有利な状況をつくるという政策をとってきた。台湾も中国も、両岸経済関係を深めることによって、ともに成長してきたのだ。

２００８年5月、国民党の馬英九《ばえいきゅう》が第12代中華民国総統に就任。野党だった国民党は、8年ぶりに政権を奪還した。国民党は共産党の友党として、対中関係の改善を志向していたので、

中国は馬英九当選を歓迎した。

そして実際、馬英九政権第1期には、矢継ぎ早に両岸協定が締結された。中国人観光客の台湾来訪の開始（08年）、中国企業による台湾への投資規制の緩和（09年）などだ。

10年には「両岸経済枠組協定（ECFA）」が締結された。ECFAの目的は、貿易の自由化だ。そのため、11年1月から「アーリーハーベスト対象品目」の関税引き下げを開始した。関税引き下げは3段階で行なわれ、13年1月からは対象品目すべてがゼロ関税となった。中国の胡錦濤《こきんとう》政権は、台湾の余剰農産物や工業品の大量買い付けも積極的に行なった。

これらの施策は、中国では「譲利恵台政策」または「恵台政策」と呼ばれた。「利益を譲り、台湾に恩恵を与える政策」という意味だ。その目的は、中国と友好関係を結んで経済統合を進めるメリットを、台湾の人々に実感させることだ。これによって台湾独立を阻止するとともに、統一に向けた機運を高めようとした。

12年からの習近平政権でも、この方針が継続された。16年頃からは、「体験型交流」が本格的に始まった。これは、インターンシップや就業などを通じて、台湾の大学生に中国のグローバル企業や著名ハイテク企業で数週間の就業体験をさせ、中国の潜在力や勤務条件での魅力を知ってもらおうとするものだ。それによって、台湾人学生の中国移住を増やそうとした。18年頃には、中国企業でのインターンシップ実習は、台湾の大学生の間でブームとなった。

イソップ寓話の「北風と太陽」を引き合いに出せば、中国は台湾に対して「太陽政策」をとろうとしていたのだ。

米中貿易摩擦の影響で中国での生産を見直す？

しかし、２０１９年に香港で逃亡犯条例改正反対デモが発生した。これに対する香港政府と警察の暴力的な対応は、台湾社会に大きな衝撃を与え、対中観を著しく悪化させた。

さらに、米中貿易戦争の影響で、台湾企業による中国への新規投資が減少し、中国での生産を台湾に戻す動きが起こっている。

台湾政府は、19年1月に、米中貿易摩擦を受けた中国からの回帰投資を支援するプログラム（「歓迎台商回台投資行動法案」）を開始し、多数の企業からの申請があった。分野別ではエレクトロニクス製品関連の申請額が多い。これらの製品の顧客である米ＩＴ企業が、関税とセキュリティ面での懸念から、中国生産からの移転を進めようとしていたと言われる。

ホンハイも、中国からベトナムへの移行を図っている。しかし、これは人件費が安いことなどを理由とする脱中国の動きであり、米中貿易戦争がなかったとしても進んだものだろう。

中国が台湾に武力侵攻しても得るものはない

最近の香港に見られるように、中国は、自由化運動に対して容赦ない弾圧を行なっている。自由化運動に対しては、恵台政策のような「太陽政策」はとれず、「北風政策」をとらざるをえないのだ。

しかし、北風政策といっても、デモを弾圧したり新聞を廃刊にするのと、台湾に武力侵攻するのとではまるで次元が違う。

武力侵攻のリスクはとてつもなく大きい。失敗した場合のコストは計り知れない。場合によっては、国家存立の基礎が揺らぐだろう。

仮に侵攻が成功したとして、中国は何を得られるか？　経済的条件がいまより改善されることはない。その半面で、中国は世界から批判の対象となって孤立するだろう。

冷静で、物事を正確に判断できるはずの中国政府が、そうしたリスクをとるとはとても考えられない。

3 日本と同じ立場にある韓・豪と協力して米中にあたれ

アメリカは対中強硬策に参加を求める

バイデン政権の成立以降、米中対立の基本的な性格が変わってきている。

トランプ前大統領は、中国からの輸入が増えるためにアメリカの貿易赤字が拡大し、それによってアメリカの雇用が失われるのが問題だとした。つまり、アメリカだけの問題だと捉えた。

ところが、バイデン政権が問題にしているのは、輸入額や貿易赤字というよりは、中国にハイテク産業が成長することだ。それが将来の経済覇権や軍事バランスを決めるからだ。そして、その背後に中国の特殊な国家体制があるからだ。こうして、バイデン政権下では、制裁関税よりは、ハイテク技術の輸出禁止措置が対中政策の中心になるだろう。

こうした措置はトランプ時代からあった。第1章の3で述べた中国の代表的通信機メーカーのファーウェイに対する制裁措置がそれだ。同社を商務省のエンティティー・リストに追加して、アメリカの技術を用いた製品の同社への輸出を禁止した。さらに、中国最大の半導体ファウンドリ（半導体製造会社）ＳＭＩＣにも同様の制裁措置をとった（第4章の1参照）。これらの措置は現在も継続されている。こうした措置は、他国を巻き込むことになる。ファーウェイに対する制裁措置で、台湾の半導体ファウンドリであるＴＳＭＣが、ファーウェイに製品を輸出できなくなった。今後、同様のことが日本企業にも及ぶ可能性がある。

他方において、中国が日本に対して輸出入制限や禁輸措置、あるいは関税引き上げなどの対抗措置をとってくる可能性もある。

第4章で述べたように、中国は輸出管理法によって、輸出管理規制を強めるかもしれない。とりわけ問題なのは、希土類の輸出が制限されることだ。２０２1年6月には、データ規制のための「データ安全法」が成立した。今後、この面での制約も強まるかもしれない。

アメリカは単独で中国にあたるのではなく、広く民主主義諸国の協力を求めている。こうなると、日本としては、傍観者として事態を見守るだけでは済まされない。態度を明確化する必要に迫られる。

日中は輸出依存度が高いが、アメリカは低い

貿易が制限されることで経済がどの程度の影響を受けるかは、国によってかなりの差がある。

輸出依存度（GDPに対する輸出の比率）を見ると、2017年に日本は14・3％、中国は18・9％と、かなり高い値だ。ところが、アメリカは7・9％でしかない。

つまり、中国や日本は国際経済とつながっていないと経済が成り立たない。ところが、アメリカはその必要が日中に比べれば低いのだ。したがって、貿易が阻害されることによってより大きな打撃を受けるのは日本や中国だ。

なお、EU加盟国を見ると、ドイツ39・2％、フランス20・7％、イタリア26・3％などと、日中より高い。しかし、これはEU域内貿易があるためだ。域外への輸出だけを見れば、依存度はそれほど高くない。結局のところ、日本や中国は、自由な貿易が妨げられることの影響を欧米諸国より強く受ける。

対中依存度で日本、韓国、オーストラリアは高い

中国との貿易が阻害されることによる影響を見るために、輸出入に占める中国の比率を見ると、図表9‐1のとおりだ。

日本の貿易に占める中国の比率は、輸出で19・1％、輸入で23・5％（2019年）とかなり高い。なお、19年は、輸出額では対米のほうが多かった。しかし、第3章の3で見たように、いまでは輸出、輸入とも中国が首位だ。

図表 9-1　輸出・輸入に占める中国の比率（2019年、%）

	輸出	輸入
日本	19.1	23.5
アメリカ	6.5	18.4
ドイツ	7.3	10.0
イギリス	6.4	9.5
韓国	25.1	21.3
オーストラリア	38.7	25.7

（資料）総務省統計局『世界の統計 2021』のデータにより筆者作成

図表 9-2　中国の貿易相手先（2019年、%）

輸出		輸入	
アメリカ	16.8	韓国	8.4
香港	11.2	日本	8.3
日本	5.7	アメリカ	6.0
韓国	4.4	オーストラリア	5.8
ベトナム	3.9	ドイツ	5.1

（資料）総務省統計局『世界の統計 2021』のデータにより筆者作成

実は、図表9－1に見るように、韓国やオーストラリアでは、中国の比率が日本並か、それ以上に高い。それに対してアメリカは、ヨーロッパとの貿易比率が高く、対中貿易はそれに次ぐ比率でしかない。また、ドイツやイギリスも図表9－1に見るように、中国の比率はそれほど高くない。これはEU諸国との貿易が多いことの反映だ。

このように、欧米諸国では欧米諸国間の貿易が多いのだ。そして、これは米中対立によって直接の影響を受けることはない。中国との貿易が阻害されることで大きな影響を受けるのは、日本、韓国、オーストラリアといった国なのである、

つぎに、中国の貿易相手先を見ると、図表9－2のとおりだ。ここでも、日本と韓国が上位にある。とくに輸入では、ほぼ同じようなシェアで1、2位を占めている。

日本の対中輸出は中国製造業に不可欠

では、日本から中国にはどのような品目を輸出しているのだろうか？　2021年4月の貿易統計によると、比率が高いのはつぎの項目だ（数字は輸出総額に占める比率）。

・一般機械25・1％（うち半導体等製造装置8・8％）
・電気機器19・2％（うち半導体等電子部品5・2％）

これだけで全体の半分近い。このほかにつぎのものがある。

・化学製品17・0％
・原料別製品11・6％
・乗用車6・3％

つまり、日本から中国への輸出の大部分は、中国の製造業が用いる装置や部品、原材料などだ。こうしたものは、中国製造業の活動に必要不可欠だ。同様のことが、韓国から中国への輸出についても言えるだろう。このように、日本、韓国と中国は互いに他を支え合う関係にある。

日本は米中どちらかに従属することはできない

バイデン政権は、同盟国・友好国を巻き込んで中国を封じ込めようとしている。日本に対しても、その一員として加わることを求める。

このような仕組みとして「Ｑｕａｄ」（日米豪印戦略対話）がある。これは、アメリカ、日本、オーストラリア、インドの首脳や外相による安全保障や経済を協議する枠組みだ。東シナ海や南シナ海で強大化する中国に対峙《たいじ》するためのものだ。

2021年3月12日、バイデン大統領の呼びかけでオンラインによる首脳協議を行なった。日本は安全保障面でアメリカと同盟関係にある。それだけでなく、基本的な価値観や国家体制でも、アメリカと多くのものを共有している。だから、日本にとって「アメリカとの関係を断ち切って中国を盟主とする陣営に加わる」という選択は、およそ考えられないものだ。

しかし、一方において、「アメリカを盟主とする陣営に属する」という選択をすれば、中国との関係は悪化する。それは、両国間の密接な経済活動のつながりを崩壊させるだろう。

実際、Ｑｕａｄの場合も、中国からの反発を恐れたオーストラリアが08年に撤退し、その後はしばらく日の目を見なかったという経緯がある。

これまで見てきたように、日本は輸出依存度が高く、しかも対中依存度が高い。だから、対中輸出が大幅に阻害されるようなことがあれば、日本経済は大打撃を受ける。この点で、日本はヨーロッパとは違う。ドイツの自動車メーカーなどを除けば、ヨーロッパの経済の対中依存は、すでに見たように、それほど高いわけではないからだ。

日韓豪の連携ができないか？

中国は、バイデン政権による対中包囲網に反発するだけでなく、近隣諸国との関係緊密化のために積極的な活動を行なおうとしている。これに関して注目されるのは、「東アジア地域包括的経済連携（RCEP）」だ。これは、中国の主導で交渉が行なわれていた日中韓とオーストラリア、ニュージーランド、東南アジア諸国連合（ASEAN）の15カ国による貿易協定だ。2020年11月15日、首脳会合で正式に合意し、協定に署名した。

私は、一般的には自由貿易協定（FTA）に積極的な意味を認めないのだが、RCEPは政治的な観点から見て意味があると思っている。

中国は、RCEP加盟国の中でも、とくに日本との関係を重視していると思われる。それは、これまで示したように、日本と中国が経済面で強く結びついているからだ。そして、韓国も日本と同じような立場にある。安全保障面でアメリカから離れられないが、経済的には中国との関係が強い。また、オーストラリアもそうだ。

そこで、日本、韓国、オーストラリアの三国が共同で米中にあたることが考えられる。

その意味では、日韓関係がいまのような状態であるのは残念なことだ。両国の緊密な連携プレーができるような体制を早急に構築する必要がある。

いまひとつ重要なのは、日本の産業が、他国では代替できない技術を持つことだ。例えば、半導体について言えば、設計や製造での地盤沈下が著しいものの、最先端分野以外では、いまでも日本が強い分野がある。製造機装置や材料（シリコンウエハー、感光材、研磨剤など）がそうだ。こうしたものを武器として働きかけ、対話を進めることができるだろう。そして、米中の対立を建設的な競争関係に変えていく努力をする必要がある。

第9章のまとめ

・香港は、中国経済にとって極めて重要な役割を果たしている。香港経由の迂回《うかい》輸出にすると、関税を回避できる場合がある。さらに重要なのは、金融面での役割だ。これまで、中国企業のＩＰＯの大半は香港市場で行なわれた。アメリカ市場でのＩＰＯが規制されると、香港の役割はますます強まるだろう。中国が「一国二制度」を踏みにじれば、こうしたメリットは失われる。それは中国経済に深刻な打撃を与えるだろう。

・バイデン政権が台湾防衛に舵を切り、台湾海峡では緊張が高まっている。しかし、1970年代末から、中国と台湾は、経済的には密接な相互依存関係にある。そして、つい先頃まで、中国は「台湾に恩恵を与える」という政策をとってきた。最近それが変化しているのだが、中国が台湾に武力侵攻しても得るものはない。

・米中摩擦は国家理念の対立になっているので、他国を巻き込む。日本は貿易依存度が高い上に、中国に対する依存度も高い。したがって、米中いずれかの陣営に属するという選択肢はとれない。日本と同じ立場にある韓国、オーストラリアと連携して、米中対立を建設的なものに変えていく努力が必要だ。

第10章

世界はどこへ向かうのか？

1 二つの体制の衝突と対立

コロナを制圧するのは国家権力か科学の力か

米中対立とは、二つの異なる体制の衝突と対立である。2020年から21年にかけて、両体制の違いがつぎの二つの分野で明瞭に現れた。

第1は新型コロナウイルス対策、そして第2は先端技術のコントロールだ。

中国は、大規模な都市のロックダウンと健康コードによって新型コロナウイルスの感染拡大を食い止めた。

他方で、アメリカやヨーロッパの民主主義国家は、感染拡大を抑えることができなかった。日本でも、度重なる緊急事態宣言に人々が慣れてしまい、行動や移動の自粛を呼びかけても効果が薄れてきた。

こうした状況を見ると、感染症の急拡大という事態に対処するためには、中国のような強力な国家権力が必要なのではないかという考えを否定できなくなる。

民主主義体制が最も根源的な疑問にさらされたのだ。

ところが、20年の冬から21年にかけて先進国でコロナワクチンの摂取が進むと、感染が目に見えて収まってきた。21年5月頃、英米などでは新型コロナウイルスに対する勝利感が社会に広がった。

中国のように国家権力に頼らずとも、ワクチンという科学の力によって感染症をコントロールできると思われた。

しかし、第3章で見たように、21年7月末以降、中国においても欧米においても、感染力の強いデルタ株の感染拡大によって、この状況が変化してきた。今後どのように推移していくのか、本稿執筆時点では最終的な答えは得られていない。

ただし、デルタ株に対しては中国の国家権力による対処にも限界が見え始めていること、英米でも感染が拡大しているのはワクチン摂取が進んでいない地域が中心であることなどを考えると、「国家権力」対「科学」というバランスが、科学に有利な方向に動いていることは否定できない。

技術を制御するのは中央集権国家か分権国家か

本書では、米中対立の最前線として、ＡＩやＩＴなどの先端分野を取り上げた。

第5章で見たように、ＡＩにおける中国の躍進の背景には、中国の特殊な国家体制がある。このため、ＡＩが国民管理の道具に用いられる可能性がある。いや、可能性ではなく、すでにそのような利用が始まっている。

独裁政治の国家では、先端技術の利用に歯止めが効かなくなることをはっきりした形で示している。

技術が独走しないためには、独裁国家ではなく、分権化された民主主義が機能する社会でなければならない。

中国における先端科学技術開発が国家の後ろ盾で行なわれたといわれることが多い。しかし、ＡＩやＩＴについてはそうではない。第5章で述べたように、これらは、主として民間のスタートアップ企業やユニコーン企業によって行なわれた。つまり、アメリカのシリコンバレーと同じエコシステムがこれまでは機能していたのだ。

ところが、最近、これらの分野に国家権力が介入し始めている。独裁国家による強力な施策が暴走する可能性は否定できない。

米中どちらにおいても、あまりに巨大化したＩＴ先端企業が大きな問題になっている。

しかし、それへの対処は、両国間で大きな違いが見られる。中国は国家権力を用いて強力な規制を加えるが、アメリカはさまざまな施策を模索している。

ここで注意すべきは、分権的な国家では、さまざまなところで意思設定が行なわれることだ。アメリカの場合、従業員の反対にあって軍事研究が阻止されたこともある（国防総省との軍事用ドローン向けのAＩ開発契約に対する反対運動が、グーグルの従業員の間で起きた）。最近では、企業トップと一般従業員の報酬の格差に対する不満の高まりを背景に、労働組合の組織率が上昇している。このように企業の内部からも、企業のあり方に対して影響を与えようとする動きがある。

特定の技術の暴走を抑えるためには、さまざまな学問分野がバランスよく発展しなければならない。世界の大学ランキングを見ると、中国の大学では工学部が充実している半面で、大学全体ではいまだにアメリカにはるかに及ばない。

さまざまなところで決定が行なわれる分権的な社会は、短期的には非効率に見える。しかし、誤った方向に進み続けることはない。つまり、問題に対処する柔軟性を持つレジリエント（強靱）な社会なのだ。

これについても、事態が今後どう推移するかはまだ見えない。注意深く見守る必要がある。

2 われわれは歴史の大転換を目撃している

鄧小平路線からの決別

第6章の5で見た「共同富裕」は、共産主義の原点への回帰だ。

このような政策が打ち出されたのは、中国の国家政策の基本が大きく転換しつつあることを意味する。

中国は、これまで40年間、鄧小平が敷いた「改革開放」路線を歩んできた。中国を貧困の悪循環から脱却させ、目覚ましい発展に導いたその政策から、中国は決別しようとしている。

アメリカとの対立も、中国の外交戦略転換の結果なのかもしれない。

これまでの中国の外交の基本方針は、鄧小平が強調した韜光養晦《とうこうようかい》だった。これは、「才能を隠して、内に力を蓄える」ということだ。

こうした考えから、鄧小平は将来の指導者たちに対して、「アメリカとの協力を発展させ、敵対しない」ことを強く指示した。

それ以降の中国指導者は、この忠告に従ってきた。江沢民は、対米関係を強め、クリントン大統領の時代にアメリカとの戦略的パートナーシップを結んだ。胡錦濤もアメリカとの対立を避けた。

ところが、習近平は、それを覆してアメリカとの対立路線に転換したのだ。それは「戦狼外交《せんろうがいこう》」という攻撃的な外交スタイルに現れている。これは、「韜光養晦」からの明白な決別だ。

第1章の2で、「米中貿易摩擦は、2018年7月、トランプ前大統領が第1弾の制裁関税を発動したことで始まった」と書いた。これが一般的な理解なのだが、実は、始まりはもっと早かったのかもしれない。

しかもそれは、アメリカ側から始めたものではなく、中国の外交姿勢が転換したことによるのかもしれない。

第2章の2で述べたように、19年10月、トランプ前政権のペンス副大統領は、中国批判の演説を行なった。この演説は、当時は異例に激しいものと受け止められたのだが、いま考えれば、中国外交政策の転換に反応したものだったのだろう。

IT企業への統制をさらに強化

中国政府の引き締めの対象は、社会的不満の元凶と見なされる産業だ。その第1がIT企業だ。IT企業が生み出した技術が中国発展の重要な要因であることは認めても、そこへの富の集中は度を越している。

このため、第6章で見た規制策は、その後ますます強まっている。

中国共産党は、アリババなどに対して、共産党の指導に沿うような組織変更や幹部の入れ替えを強要した。

サービスの存続を危惧する利用者たちは、資金を失いかねないとの不安を抱き、アリペイからお金を引き出しておくべきかどうか考えているという。

最近は、テンセント(騰訊控股)が狙い撃ちにされている。

2021年7月24日に、国家市場監督管理総局は、国内大手の音楽配信会社の買収に関連して、50万元(約850万円)の罰金を支払うようテンセントに命じた。当局は、テンセントが買収によって音楽配信事業で8割を超えるシェアを持ったとし、独占的な配信権を解除するよう求めた。

また、テンセントは、7月27日、メッセージアプリ「ウィーチャット(微信)」の新規ユーザー登録を一時停止した。

こうしたことを受けて、テンセントの株価は、7月に一時、2割以上も下落した。

8月に、国営メディアは、オンラインゲームは「精神のアヘン」として強く批判した。これを受けて、テンセント株が再び急落した。

テンセントはその後、12歳未満の子供に対するゲームを全面的に禁止するとした。8月末には、18歳未満のゲーム利用を、金土日や祝日に1日1時間に制限する規制が発表された。

教育産業の非営利化を求める

中国共産党の第2のターゲットは、学習塾などの教育産業だ。これは、教育費高騰の元凶だとされているからだ。

中国政府は2021年7月24日、学習塾などを運営する教育サービス企業は非営利団体にするとした。週末や休日に学校の教育課程を教えることは禁止。外国人を雇ってリモート教育を行うことも禁止された。

この規制で、中国の教育産業企業の株価は大暴落した。英語教育サービス最大手のニューオリエンタル・エデュケーション・アンド・テクノロジー（新東方教育科技）の株価は、ニューヨーク株式市場で21年2月には約20ドルだったが、7月29日の終値で2・2ドルにまで急落した。

クーラーン・テクノロジー（新東方在線科技）、ベストスタディ・エデュケーション（卓越教育）などの教育関連企業の株価も暴落した。

恒大危機が世界の株価を下落させる

中国の不動産大手のチャイナ・エバーグランデ・グループ（中国恒大集団）の経営危機によって、同社株が香港市場で２０２１年９月20日に株価が大幅に下落。欧米市場や日本市場でも大きく値下がりした。

恒大は社債の利息の支払いが控え、債務不履行に陥る危険があり、それによって、中国経済全体が打撃を受けるとの懸念があったからだ。

実は、恒大の経営危機は、住宅価格の高騰を抑えようとする中国政府の政策の結果でもある。不動産会社の資産に対する負債比率を抑えるなどの規定が導入されたため、恒大は借り入れが難しくなり、資金繰りに窮することになったのだ。21年６月末時点での同社の負債総額は約２兆元（約33兆円）にも上る。

芸能界にも介入

中国共産党の第３のターゲットは芸能界だ。

上海市税務局は、２０２１年８月27日、女優の鄭《ジェン》・爽《シュアン》氏がドラマ出演料などについて脱税や納税漏れがあったとして、2億9900万元（約50億円）の追徴課税・罰金処分を科した。鄭氏はSNSで「社会に悪い影響を与えてしまった」と謝罪した。

放送業界を監督する国家広電総局は、テレビ局などに対し、鄭氏の出演作品の放映や今後の出演を禁じるとした。さらに「芸能人の報酬の規範化を一段と進める」とした。

また、女優の趙薇《ヴィッキー・チャオ》氏の名前が、動画配信サービスの出演作品のキャスト一覧から削除されたり、作品自体が消去されたりした。趙氏は、出資していたメディア会社の株主からも退いた。同氏はアント・グループの株式を持っていたとされ、アリババ創業者のジャック・マー氏との親密な関係が取りざたされていた。

中国共産党の中央ネットワーク安全・情報化委員会弁公室は、未成年者などから過剰な手段で資金を集める行為を取り締まる方針を打ち出した。

党中央宣伝部は21年9月2日、芸能人や企業を党が厳しく管理し、思想教育を強化すると通知し、ファンクラブの資金集めなどに対する規制を出した。

中国投資や高級ブランド産業が大きな転換点

中国におけるこのような政策転換は、他国にも大きな影響を与えている。

第1に、海外の投資家にとって、中国への投資が極めてリスクの高いものになった。中国に対する投資によって資産を増やしてきた投資家やファンドは、投資の基本的な見直しを要求される。

不動産投資はどうだろうか？　日本でも北海道ニセコなどの観光地や都市のタワーマンションには、中国人富裕層による投資があると言われていた。それも影響を受けるかもしれない。

第2は、中国当局が富裕層への締め付けを強化する結果、海外高級ブランドが痛手を受けることだ。この動きはすでに生じている。

2021年8月後半、「グッチ」「ルイ・ヴィトン」「バーバリー」「カルティエ」「ピアジェ」などの世界的な高級ブランドを擁する企業の株価が、軒並み急落した。ポルシェ、フェラーリなどの自動車会社の株価も、10％あるいはそれ以上、下落した。

コロナ前、日本の百貨店では、訪日した中国人富裕者向けの高級ブランドの販売が好調だった。しかし、コロナ禍が終息しても、かつての水準には戻らないだろう。

文化大革命の再来？

中国の小中高校では、2021年9月の新学期から、「習近平思想」が必修化された。

個人崇拝は共産党規約で厳しく禁じられているにもかかわらず、個人崇拝を求めている。

習近平総書記が特別であることは、服装の面にも表れている。

21年7月1日、中国共産党創立100年の式典で、天安門の楼台に上がった全員が背広にネクタイ姿であったのに、習近平だけは人民服姿だった。15年9月3日の「抗日戦争勝利70周年」の軍事パレードでも、閲兵に臨んだ習近平は人民服姿だった。「習近平だけが毛沢東の後継者である」と示しているのだろう。

本書の第3章では、「いま中国で起こりつつあるのは第3次天安門事件だ」と言った。しかし、実はもっと大きな変化なのかもしれない。

これは、40年以上にわたって続いた改革開放路線からの大転換であり、毛沢東時代への復帰なのかもしれない。そうであれば、「第2次文化大革命」と言ってもよいかもしれない。

「政治が経済を止める」ことになるのか?

歴史上、中国は常に世界の最先端にあった。この状況が変わったのは、明の時代(1368~1644年)のことだ。

明朝の中国は、開放政策と鎖国政策(海禁政策)の間を揺れ動いた。永楽帝の時代には積極的な開放政策をとり、アフリカまでの大航海も行なった。

ところが、15世紀の中頃から、鎖国政策に転換し、儒者による政治が行なわれた。彼らは、「中国の繁栄の源は農業のみ」という理想を持っていた。そして中国は、中華思想に凝り固まり、衰退していった。

政治が経済を止めたのだ。いま再び、中国では、政治の力がすべてを凌駕しつつあるように見える。

こうした事態に対して、日本を含む民主主義諸国は、どのような対処をすべきなのだろうか？　この問いの重要性がますます強まっている。

第10章のまとめ

・米中対立とは、異なる二つの体制の衝突と対立だ。コロナを制圧できるのはどちらの体制なのか？　そして、技術を制御できるのはどちらの体制なのか？　これらが問われている。

・中国政府によるIT企業の規制は、一段と強化されている。締め付けの対象は、教育産業や芸能界にも及んでいる。規制強化の影響は、中国国内のみならず、高級ブランド商品を扱う欧州企業にも広がっている。

中国は、鄧小平の改革開放路線から大きく転換し、毛沢東時代の共産党の原点に回帰しつつあるように見える。明の時代のように、政治が経済を止めることになるのだろうか?

図表一覧

【ヤ行】

【ラ行】

【ワ行】

【マ行】

【ナ行】

【ハ行】

【タ行】

【サ行】

【カ行】

索引

［著者］
野口悠紀雄（のぐち・ゆきお）
1940年、東京生まれ。1963年、東京大学工学部卒業。1964年、大蔵省入省。1972年、イェール大学Ph.D.（経済学博士号）を取得。一橋大学教授、東京大学教授（先端経済工学研究センター長）、スタンフォード大学客員教授、早稲田大学大学院ファイナンス研究科教授などを経て、一橋大学名誉教授。専門は日本経済論。
著書に『情報の経済理論』（日経経済図書文化賞）、『1940年体制』『財政危機の構造』（サントリー学芸賞）（以上、東洋経済新報社）、『バブルの経済学』（日本経済新聞出版、吉野作造賞）、『「超」整理法』（中公新書）、『仮想通貨革命』（ダイヤモンド社）、『ブロックチェーン革命』（日本経済新聞出版、大川出版賞）など。近著に『中国が世界を攪乱する』（東洋経済新報社）、『経験なき経済危機』（ダイヤモンド社）、『書くことについて』（角川新書）、『リープフロッグ』（文春新書）、『「超」英語独学法』（NHK出版新書）、『「超」メモ革命』（中公新書ラクレ）、『良いデジタル化 悪いデジタル化』（日本経済新聞出版）などがある。

◆野口悠紀雄Online　https://www.noguchi.co.jp
◆Twitter　https://twitter.com/yukionoguchi10
◆note　https://note.mu/yukionoguchi/

入門　米中経済戦争

2021年11月16日　第1刷発行

著　者——野口悠紀雄
発行所——ダイヤモンド社
〒150-8409　東京都渋谷区神宮前6-12-17
https://www.diamond.co.jp/
電話／03･5778･7233（編集）　03･5778･7240（販売）
装丁————竹内雄二
DTP ————荒川典久
校正————久高将武
製作進行——ダイヤモンド・グラフィック社
印刷／製本—勇進印刷
編集担当——田口昌輝

ISBN 978-4-478-11477-3